生活は厳しいのに資産は世界一!?

# 日本経済 本当はどうなってる?

生島ヒロシ
岩本さゆみ

青春新書
INTELLIGENCE

# はじめに

みなさん、〝お好み焼き経済学〟ってご存じですか？

ご存じないですよね。当然です。この本の共著者である岩本さゆみさんに、ボク（生島ヒロシ）が付けたキャッチフレーズだからです。

〝お好み焼き経済学〟者である岩本さんは、日本やアメリカ、カナダ、オーストラリアの金融機関で、世界の猛者（もさ）たちを相手に為替取引をしてきたバリバリの金融トレーダーでした。

現在は、京都のお好み焼き屋さんに嫁がれて、大阪経済大学の理事などを務めながら、庶民の目線から、経済をわかりやすく解説してくれています。

ボクが岩本さんを知ったのは、あるラジオ番組で彼女の経済解説を聴いたのがきっかけ。複雑な経済の話をこんなにわかりやすく解説してくれる人がいるんだとビックリして、すぐにアプローチ。早速、ボクが月～金で毎朝やっているラジオ番組「生島ヒロシのおはよう定食・一直線」で週一回、経済解説をしてもらうようになりました。

予想通り、彼女のコーナーはリスナーの評判もバツグン！　「わかりやすい解説でとてもタメになります」「経済が苦手な私にもスッキリ理解できます」などなど、毎週うれしい声がたくさん寄せられています。〝お好み焼き経済学〟は伊達じゃない！

で、そんな岩本さんとなぜ今回、このような共著を出版することになったのか。

2024年に入って、日経平均株価が史上最高値を更新したり、大企業が大幅賃上げをしたりといったニュースも流れていますが、多くの人はその恩恵をあまり感じられていないですよね。それどころか、日本は借金まみれで大変だとか、GDPがドイツに抜かれたとか、社会保障の負担が今後ますます重くなるとか、先行き不安になるようなニュースがやたらと報道されています。

でも、岩本さんは、ラジオのコーナーを通して「日本経済は悲観する材料ばかりではないんですよ、希望が持てることもいっぱいあるんですよ」ということを、明快に解説してくれます。それも、日本ではほとんど報道されていない世界のニュースや統計データなどから、客観的に示してくれるから、説得力が違う！

もちろん、日本が置かれた状況は、楽観してばかりいられないのも事実。だけど、一面的な報道、ネガティブなニュースにいたずらに不安になるのでなく、大きな視点から、そしてさまざまな角度から、日本経済を俯瞰して見てみることが大事。そうすれば、漠然と不安になっているよりも、正しく向き合えるようになるんじゃないかな。

経済って、実はお好み焼きと同じだと思うんです。経済という生地の中には、老いも若きも、男も女も、お金持ちも庶民も、いろいろな人たちの生活や人生が混ぜ込まれていて、それらが合わさって経済活動が成り立っている。

安い材料でだっておいしく作れるし、何より、お好み焼きを囲んでみんなが笑顔になって、幸せになれる。本来、経済って、そういうものなんじゃないかと思うんです。

だからこそ、お好み焼き経済学！

この本では、〝日本経済 本当はどうなってる？〟をテーマに、ボクが日々気になっている経済ニュースの疑問を岩本さんにぶつけて、解説してもらったものです。日本ではほとんど報道されていない情報を通じて、日本経済のえっ！と驚く真相も見えてくる本書、ぜひ、熱々のうちにご一読ください。

生島ヒロシ

はじめに　3

# 1章 世界一資産がある日本で、生活が厳しいのはなぜ？

## 30年以上連続「対外純資産」世界一！

日本の名目GDPがドイツに抜かれ、やがてインドにも…？　14
日本のGDPが世界4位に転落！　14／なぜ実質GDPではなく名目GDPを選んだのか　17／意識したいのは「一人あたりGDP」　24／ルクセンブルクなどの小国で一人あたりGDPが高いカラクリ　27
今でも日本は世界一のお金持ち国家だった　30
30年以上連続「対外純資産世界一」が意味すること　30／国の借金の倍近くあ

る個人の金融資産　33／なぜ多くの国民はその恩恵を受けられないのか　36

## 2章 この物価高はいつまで続く？ 円安はなぜ起こる？

世界の経済トレンドが〝新たなフェーズ〟に突入!?

この物価高は誰のせい？　42

コロナ以前・以後で世界経済のフェーズが変わった!?　42／日本の金融政策がもたらした円安　48

物価高の一大要因・円安はいつまで続く？　55

この先のドル円相場を占うもの　55／アメリカのこの政策が為替の動向を大きく左右する　62／「ビッグマック」の値段で見えてくる？ 円の適正レート　69

3章

日本政府の借金、1200兆円を突破!

# 「国の借金は増えても大丈夫」「将来にツケを残す」実際はどうなの?


日本政府の債務1200兆円をどう考えるか 76

債務が大きくても何ら問題ない……? 76/政府債務は減らしさえすればいいのか 78

どこか変だよ? 日本の国債償還ルール 81

日本独自の「60年償還ルール」 81/グローバルスタンダードで見れば日本の借金額はもっと少なくなる 85/そもそも日本国債は安全なの? 88/政府の借金に注目するだけでは見落としてしまうこと 91

一般会計＋特別会計で初めてわかる、日本財政の本当のところ　99
特別会計も合わせてみると違う景色が広がる　99

## 4章 消費税は上がるばかりで、なぜ下げられないの？

主要国で断トツに上昇している国民負担率！

重くなる税＋社会保険料の国民負担率　106
消費税は政府にとって「打ち出の小槌」？　106／国民負担率が同じように高い北欧などとの決定的違い　110

消費税、日本の常識は世界の非常識!?　116
消費税・付加価値税、世界ではどうなっている？　116／アメリカが連邦政府として消費税・付加価値税を採用していない理由　120／諸外国は臨機応変に消費

税を下げている!? 123

## 5章 年金はこの先も大丈夫なの？ 老後資金はどう確保するべき？

「100年安心」の年金制度の本当のところ

日本の年金制度はいつまで安全か 128
公的年金はこれから先も安心してもらえる？ 128／繰り下げ受給するなら知っておきたい「12年の法則」 133／意外！ アメリカの年金制度と比べてみると 137

年金以外に知っておきたい、老後を豊かにする裏ワザ 139
「法人化」でサラリーマンも節税できる？ 139／相続税対策のためにボクがあえてしていること 143

# 6章

経済のプロたちはコレにお金をかけている！

# 人生100年時代、「何に」「どう」投資するのが賢いか


老後資金は実際、いくら必要なの？ 150

老後資金をどう確保するか 150／ライフサイクルに合わせた無理のない投資を 155／老後資金を確保しながら資産寿命を延ばす、とっておきの方法 157

投資するなら知っておきたい、相場の読み方・考え方 160

〝日本人投資家〟が泣きを見る共通点 160／相場の転換点となる政治イベント 163／「今回は違う」と言われ出したら要注意 167

お金のプロが勧める、最も効率のいい投資先 169
資産分散で注目の商品は？ 169／一番リターンがいい「投資先」 172／希望ある日本経済のために〝持ち続けたい〟もの 177

おわりに 183

協力／生島企画室
ＤＴＰ／エヌケイクルー

※本書で紹介した情報によって発生した損失等につきましては、著者・出版社とも、いかなる責任も負いかねます。投資の最終決定は、内容をよく確認したうえで、自己責任で行うようにしてください。

# 1章

30年以上連続「対外純資産」世界一！

# 世界一資産がある日本で、生活が厳しいのはなぜ？

## 日本の名目ＧＤＰがドイツに抜かれ、やがてインドにも…？

### 日本のＧＤＰが世界４位に転落！

**生島**　「いつも明るく元気よく」が僕のモットーなんですが、日本経済はあまり元気がない気がしますね〜。２０２４年に入って、株価は史上最高値を更新していますが、我々には景気が良くなった実感はまったくなく、恩恵も感じられない。それどころか、**ＧＤＰ（国内総生産）が、２０２３年にはドイツに抜かれて世界４位に転落した！**なんてニュースもありました。**やがてインドにも抜かれるという予測**もあります。こういったニュースを見ると、やっぱり日本経済はジリ貧傾向なんじゃないかと思っちゃうんですが……。日本経済、なんか明るい材料はないんですかね？

**岩本**　株高はどこか遠い世界の話で、たしかに後ろ向きな報道も多くて、みなさんが希望を持ちづらい、足元の物価高もあり、実際にシンドイと思われている方も少なくないと思います。

でも、客観的に日本経済を眺めてみると、「日本はダメ！」ばかりでもないんですよ。

**生島** そうなんですか。そういう話をぜひ聞きたいですね!

**岩本** 国際通貨基金(IMF)による四半期に一度の報告書「世界経済見通し」の2023年10月版が公表された際には、一斉に「日本のGDPがドイツに抜かれ世界第4位に転落」との報道がなされました。日本経済の長期的低迷を懸念する声があるのはまだしも、国際社会での信用問題にまで及ぶとするような声まであがっていたかと思います。

それだけショッキングな内容というのはよくわかるのですが、**私個人としてはこの報道に関しては、控えめに申し上げて、違和感を持った**というのが正直なところです。

**生島** **日本経済の実態を正しく反映してないいんじゃないか**、ということですね。

**岩本** はい。少なくとも現状認識がIMFの主旨とも違うのでは? との印象を持ちました。まずは報道された具体的な数字の確認ですが、23年の名目GDP(見込み)について、日本は前年比0・2%減の4兆2308億ドル(633兆円)となるのに対して、ドイツは前年比8・4%増の4兆4298億ドル(663兆円)になるというものでした。

ちなみに、1位の米国は26兆9496億ドル(4032兆円)、2位中国は17兆7009億ドル(2648兆円)ですから、3位・4位の数字とはずいぶんと差があります。

GDPの考え方としては各国が生み出した付加価値の総額、経済の大きさを表します。1位米国（2021年、3億3190万人）もそうですが、人口の多い国のGDPは大きな数字が出やすくなります。

**生島** アメリカは人口が日本の3倍近く。中国にいたっては日本の10倍以上！

**岩本** そもそもですが、日本は第二次世界大戦からの復興、そして高度成長期を通じて輸出に邁進してきました。当時は景気指標としてはGDP＝〝国内〟総生産ではなく、GNP＝〝国民〟総生産が使われていました。現在はより国内景気を反映する指標としてGDPが採用されています。

日本のGNPがフランスを抜いたのは1966年、1967年にはイギリスを抜き、西ドイツのGNPを追い抜いたのは1968年のことでした。それから50年余りを経てドイツに再度追い抜かれたというわけです。

**生島** 当時のこと、覚えてますよ。僕が大学時代のことですね。高度経済成長の真っ只中で、日本が行け行けドンドン！　勢いがあった時代でしたね～。

**岩本** 西ドイツを追い抜いてから日本は米国に次ぐ世界第2位の地位を実に42年間維持してきたのですが、それを中国へと譲ったのは2010年のことでした。

　中国に追い抜かれた2010年当時のことを思い出すと、中国と日本の人口を比べれば10倍以上。追い越されたとしてもGDPが国全体の総額である以上致し方ない、といった雰囲気ではなかったでしょうか。

**生島**　中国は勢いもありましたし、人口も日本とはケタ違いですからね。

**岩本**　しかしながら、今回のドイツについては、人口比で言うならば日本の人口（2021年、1億2570万人）はドイツの人口（2021年、8320万人）のおよそ1・5倍となります。そのドイツに日本が追い抜かれてしまうわけですから、「ショック」を受ける気持ちもわからなくもありません。

**生島**　かつての日本経済が世界をブイブイ言わせている時代を知っている身としては、ちょっと寂しい限りですね。

## なぜ実質GDPではなく名目GDPを選んだのか

**岩本**　先ほど報道での取り上げ方に関して、違和感があったと申し上げました。というのも**報道で取り上げられていたのがIMFの最新予測の中でも「実質GDP」ではなく、「名目GDP」だったため**です。

生島　何か裏があるというか、別の目的があるのではないか、と。

岩本　シンプルに日本がダメだ、危ないというほうがニュースとしてセンセーショナルで人目を引きやすい、というのがあるのかもしれません。あるいは日本はダメとしたほうが、海外への投資などを促せる、そうした商品を販売している人たちにとっては都合がよいのかもしれません。

ここで名目と実質の違いですが、名目GDPというのは物価変動の影響を踏まえた数値です。それに対して物価変動の影響を取り除いたものが実質GDPとなります。

例えば名目GDPがこれまでと比べて、ある時点で2倍になったとします。たしかに数字としては2倍になったとしても、そのまま国の経済規模が2倍になったかどうかは名目GDPではわかりません。というのも名目GDPは、モノの値段が上がれば、たとえ経済規模が大きくなっていなくても数字が大きくなってしまうからです。そこで、物価変動の要素を取り除いた実質GDPを見ることで、実際に経済規模がどれくらい成長しているのかを把握するわけです。

2023年のドイツの消費者物価上昇率は6％、かたや日本は3％でした。そのため名目GDPであれば物価上昇率が高いドイツの数字は嵩増しされます。

そしてＩＭＦの報告書は米ドルベースとなります。日本のＧＤＰが同じ６３３兆円であっても、円安時は６３３兆円÷１４９円＝４・２兆ドルとなり、ドル換算では目減りしてしまいます。対して、例えばコロナ感染症が確認されＷＨＯがパンデミック宣言した２０２０年３月のドルの最安値１０１円で計算すると、６３３兆円÷１０１＝６・２兆ドルと嵩増しされる、という具合です。つまり、**名目ＧＤＰでは物価と為替変動の影響があって、実際の経済状況の正確な把握がしにくい**んです。

**生島**　日本ではドイツほど物価が上がらなかったから、名目ＧＤＰもたいして上がらなかった。しかもドルベースで比較しているから、円安の日本はさらに低く出てしまう、ということですね？

**岩本**　そうです。ＩＭＦの「世界経済見通し」の報告書は海外のファンドマネージャーなどの間でもそれなりにチェックされているデータでもありますので、毎回その内容を私自身も気にしているのですが、実は**毎回報告書の前面に出てくるのは名目ＧＤＰではなく、物価変動の影響を受けない実質ＧＤＰ**です。

ＩＭＦは日本語版のＨＰを開設しており、そちらで最新の報告書の内容も確認することができるのですが、ＨＰ上でもまず出てくるのは実質ＧＤＰです。

（図表1-1）世界経済見通し（WEO）による最新の成長率予測

2023年10月　（実質GDP・年間の変化率、%）

| | 2022 | 2023 | 2024 |
|---|---|---|---|
| 世界経済 | 3.5 | 3.0 | 2.9 |
| 先進国 | 2.6 | 1.5 | 1.4 |
| 米国 | 2.1 | 2.1 | 1.5 |
| ユーロ圏 | 3.3 | 0.7 | 1.2 |
| ドイツ | 1.8 | −0.5 | 0.9 |
| フランス | 2.5 | 1.0 | 1.3 |
| イタリア | 3.7 | 0.7 | 0.7 |
| スペイン | 5.8 | 2.5 | 1.7 |
| **日本** | **1.0** | **2.0** | **1.0** |
| 英国 | 4.1 | 0.5 | 0.6 |
| カナダ | 3.4 | 1.3 | 1.6 |
| その他の先進国 | 2.6 | 1.8 | 2.2 |
| 新興市場国と発展途上国 | 4.1 | 4.0 | 4.0 |
| アジアの新興市場国と発展途上国 | 4.5 | 5.2 | 4.8 |
| 中国 | 3.0 | 5.0 | 4.2 |
| インド | 7.2 | 6.3 | 6.3 |
| 欧州の新興市場国と発展途上国 | 0.8 | 2.4 | 2.2 |
| ロシア | −2.1 | 2.2 | 1.1 |

出典：IMF日本語版HPより「世界経済見通し」

そして、データの数値そのものもそうですが、それに基づいたＩＭＦによる報告書の要旨や総括も実質ＧＤＰの数字がベースとなっています。逆に、**ＩＭＦのサイトからわざわざ名目ＧＤＰを探すほうが手間がかかる**のです。

**生島**　やっぱり何か別の目的がある？

**岩本**　そのあたりに違和感が残ります。ここで実際の報告書を見てみたいと思います。

２０２３年10月の「世界経済見通し」では、２０２２年、２０２３年、２０２４年と、毎回本年とその前後１年ずつ、計３年分の各国の実質ＧＤＰ成長率の内訳が公表されます。図表１－１の３年分を合算すると日本は４・０％（22年１・０％、23年

**（図表1-2）世界経済見通し（WEO）による最新の成長率予測**

2023年4月　（実質GDP・年間の変化率、%）

| | 2022 | 2023 | 2024 |
|---|---|---|---|
| 世界GDP | 3.4 | 2.8 | 3.0 |
| 先進国・地域 | 2.7 | 1.3 | 1.4 |
| 米国 | 2.1 | 1.6 | 1.1 |
| ユーロ圏 | 3.5 | 0.8 | 1.4 |
| 　ドイツ | 1.8 | −0.1 | 1.1 |
| 　フランス | 2.6 | 0.7 | 1.3 |
| 　イタリア | 3.7 | 0.7 | 0.8 |
| 　スペイン | 5.5 | 1.5 | 2.0 |
| **日本** | **1.1** | **1.3** | **1.0** |
| 英国 | 4.0 | −0.3 | 1.0 |
| カナダ | 3.4 | 1.5 | 1.5 |
| その他の先進国・地域 | 2.6 | 1.8 | 2.2 |
| 新興市場国と発展途上国 | 4.0 | 3.9 | 4.2 |
| アジアの新興市場国と発展途上国 | 4.4 | 5.3 | 5.1 |
| 　中国 | 3.0 | 5.2 | 4.5 |
| 　インド | 6.8 | 5.9 | 6.3 |
| 欧州の新興市場国と発展途上国 | 0.8 | 1.2 | 2.5 |
| 　ロシア | −2.1 | 0.7 | 1.3 |

出典：IMF日本語版HPより「世界経済見通し」

2・0%、24年1・0%）となり、ドイツは2・2%（22年1・8%、23年−（マイナス）0・5%、24年0・9%）となります。

つまり、**3年分の実質GDP成長率で見るなら日本のほうがドイツより倍近く上**となります。

**生島**　へぇ、ドイツより日本のほうが成長率が高いんだ？

**岩本**　はい。こちらのデータから遡（さかのぼ）ること半年前、2023年4月の「世界経済見通し」が公表されました（図表1−2）。その際、先進国全体の実質GDP成長率については22年の2・7%から23年は1・3%へと半減との予想がなされていました。そして先進各国の内訳を見ると、22年に比べて23年は軒並み実質GDP成長率が低下しており、くだんのドイツに至っては22年から23年は1・8%から−0・1%へと低下していました。

そんな中、実は**唯一成長率が拡大していたのが日本**だったんです。22年の1・1%から23年は1・3%とわずか0・2%ではあるのですが、他の先進各国と比べれば順調な経済回復を示す内容となります。

でも、その際にも日本経済を前向きに指摘する報道はほとんどなく、23年3月に発生した米国の金融機関の連鎖破綻を懸念する内容が多かったと思います。

**生島**　なんでそんな後ろ向きの報道になっちゃうんですかね？

**岩本**　23年の4月に何が起こったかを思い出すとヒントになるかもしれません。日経平均株価が急騰したのを記憶されている方も多いのではないでしょうか。

IMFの報告書が公表されたのは4月11日でした。もちろん理由はそれだけではありませんが、もともと各国株に比べ日本株が割安だったこともあり、公表直後から海外投資家が日本に向け一斉に資金を投入、3月中の2万6000円台から一気に6月には3万3000円台まで駆け上がりました（図表1−3）。

**生島**　そのころはたしかに、僕のまわりの個人投資家からも、ずいぶんと株で儲かってい

## （図表1-3）IMF 世界経済見通しの公表時と日経平均の動き

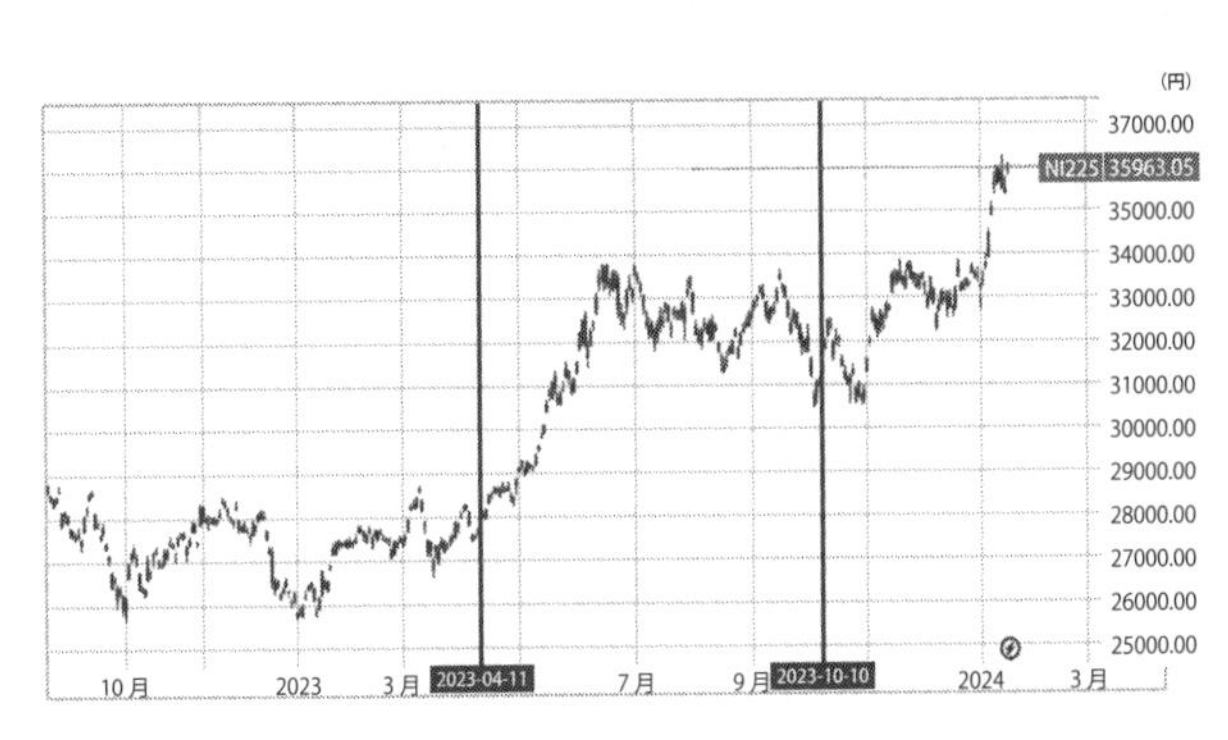


出典：Trading View

るという話を聞いた覚えがあるなぁ。

**岩本**　それから半年たった後の報告書でも、日本経済は堅調というのがＩＭＦの見立てですから、**海外投資家としては日本経済を悲観するような材料とは受け止めていなかった**でしょう。日本人だけがなんだか後ろ向きの気持ちにさせられて、迫りくる株高の波に乗り遅れるなんてバカげた話です。いったい報道は誰の味方をしてるんだ？　と訝しく思いましたよ。

内外で、あるいは一般投資家とプロの間で、かなりの温度差を生じさせるような報道だったわけです。

**生島**　たしかに。どうしてなんですか？

**岩本**　日本はコロナ以降の経済回復も順調、ウクライナやガザからも遠く、地政学的なリスクについても当面の間は安心していられる、ということになると、日本株は海外投資家にとっても妙味が湧いてきます。海外へ投資する金融商品を扱っている人たちにとって「日本ダメ」論は都合がよいでしょうし、日本人の一般投資家が気づく前に日本株を安く仕込んでしまおう、という投機家や投資家が国内外を問わずいるかもしれませんね。

**生島**　そういった情報の出し方も含めて、業者やプロの投資家に日本の一般投資家がうまく利用されている面があるんですね。う〜ん、気をつけないと。

## 意識したいのは「一人あたりGDP」

**生島**　ということは、名目GDPでドイツに追い抜かれてもそんなに心配いらないと考えていいんですね？

**岩本**　国としての経済規模の話をするなら、GDPは2030年までにインドにも抜かれるというのは、先ほどおっしゃった通りです。南米最大の経済国であるブラジルも勢いがあり、2050年頃に追い抜かれるのではないかといった予測もあります。

**生島**　ブラジルにも!?

**岩本**　ただ、先ほど述べたように、人口の多い国のGDPは大きな数字が出やすくなります。単純に国力を比較できるようなものではないため、名目GDPで追い抜かれたことだけをことさら取り上げて悲観するのはちょっと違うと思います。

少子高齢化で人口も労働人口も減る日本が、GDPの総額を競っても人口の多い国に対抗するのは難しいですし、躍起になってそこに意義を見出す必要もないでしょう。

**生島** なるほど。では、どんな見方をすればいいんですか？

**岩本** いくら総額のGDPが大きかったとしても、国ごとに人口は違います。そこで国の総額であるGDPをその国の人口で割って一人あたりで比較すれば、より各国の経済状況を把握しやすい、ということは言えると思います。

**生島** 一人あたりのGDPということですね。

**岩本** はい。2022年IMF統計で確認すると、こちらは名目になりますが一人あたりのGDPの1位はルクセンブルクで12万6598ドル、2位ノルウェー10万5826ドル、3位アイルランド10万3311ドルとなっており、米国は7位で7万6343ドル、ドイツは20位で4万8756ドルとなっています。日本は32位で3万3854ドル、実は中国は70位の1万2670ドル、インドは145位で2392ドルです。

**生島** ありゃ、一人あたりのGDPでも結局、ドイツに負けている？

**岩本**　はい。一方で中国やインドと比べると日本はかなり上位にいるとも言えますよね。一人あたりGDPについては少し注意して見るべきとして、2023年に興味深い論文が出てきました。

失われたとされるこの数十年、日本の成長率は各国と比べて低かったわけですが、これは日本の生産年齢人口（15歳から64歳まで）が毎年減少している影響が多分にあります。そこで**生産年齢人口一人あたりの成長率で見てみると様相は随分と異なっていて、特にサブプライム危機以降の2008年から2019年までを見れば実は日本が一番高い**という結果です（図表1－4）。

**生島**　現役世代は実は先進各国と遜色ない、あるいはそれ以上に頑張っている！

**岩本**　おっしゃる通りですね。ということで一人あたりのGDPなどを使って眺めてみると、また違った日本経済の側面が見えてくるかと思います。

少子高齢化が前提の日本ですから、国全体を示すGDPの数字で一喜一憂する必要はなく、それよりも働き手の労働意欲を削がないためには何が必要か、生産年齢人口の生産性を落とさないためにはどうすればよいのかといったことにより着目する必要があるのではないでしょうか。

## （図表1-4）G7＋スペインの成長率と人口の基本データ

2008 － 2019

| 統計（年率平均、%） | カナダ | フランス | ドイツ | イタリア | 日本 | スペイン | イギリス | アメリカ |
|---|---|---|---|---|---|---|---|---|
| GDP | 1.79 | 1.03 | 1.27 | −0.23 | 0.58 | 0.61 | 1.43 | 1.81 |
| 1人あたりのGDP | 0.65 | 0.61 | 1.16 | −0.36 | 0.68 | 0.38 | 0.71 | 1.11 |
| 人口 | 1.13 | 0.42 | 0.11 | 0.14 | −0.10 | 0.23 | 0.71 | 0.70 |
| 生産年齢人口<br>1人あたりのGDP | 1.07 | 1.11 | 1.35 | −0.11 | **1.49** | 0.78 | 1.10 | 1.34 |
| 生産年齢人口 | 0.71 | −0.07 | −0.08 | −0.12 | −0.90 | −0.16 | 0.33 | 0.46 |
| 生産年齢人口比率※ | 0.68 | 0.63 | 0.66 | 0.65 | 0.61 | 0.61 | 0.65 | 0.66 |

※全人口に対する15 － 64歳の人口比率

© 2023 by Jesús Fernández-Villaverde, Gustavo Ventura, and Wen Yao.

65歳以上の方はまだまだみなさんお元気ですから、引き続き就業をしていただくことも大切ですし、それ以外の世代の方にも家事や育児、あるいは介護などで就労がままならないといった状況があるかと思います。そうした方々の負担がより軽減されれば、就労に、そして生産性につながりますよね。

### ルクセンブルクなどの小国で一人あたりGDPが高いカラクリ

**岩本**　ちなみに、1990年代から現在に至るまで、一人あたりのGDPで1位はルクセンブルクです。国土は2586平方キロメートルと神奈川県と同じくらいの面積で、人口は60万人を下回る小国です。

**生島**　ルクセンブルクって、何でそんなに潤っているんですか？

**岩本**　ルクセンブルクはベルギー、フランス、ドイツに囲まれていて、極端なことを言うと、昼間は他国からルクセンブルクに来て働き、夜は自分の国に帰るような人が多いのが特徴です。そうなると〝国内〟総生産であるＧＤＰはルクセンブルクにカウントされますが、人口は他の国としてカウントされますので、一人あたりのＧＤＰは高くなるという特殊事情があるとされています。

**生島**　あ、なるほど。朝よその国から働きに来て、夕方になると帰っちゃう（笑）。それなら一人あたりのＧＤＰは高くなりますね。

**岩本**　３位のアイルランドに関しては、イギリスの隣にある島国で、北海道と同じぐらいの面積となります。人口は４００万人程度。イギリスはユーロを導入していませんが、アイルランドはユーロを導入しましたので、それをきっかけに海外からの投資資金も流入しています。英語圏でありながらユーロ市場にアクセスができます。なお、国名が似ている陸続きの北アイルランドはイギリスの一地域のため通貨はポンドです。

**生島**　ああ、ユーロ圏で唯一の英語を使っている、という強みがあるんですね。

**岩本**　何より法人税率を低く設定していることが大きいです。ルクセンブルクも同じですが、アップル、グーグル、メタ（旧フェイスブック）はアイルランドを、アマゾンはルクセンブルクをタックスヘイブン、つまり租税回避地として利用しています。節税対策として多国籍企業がルクセンブルクやアイルランドに拠点を置き、そうした企業のお金が経由していくためGDPは国民所得に対して過大評価されていると言われています。

**生島**　なんだ、そういうカラクリがあったんですね。

**岩本**　そうした特殊要因もありますので、一人あたりGDPを見てもあまり意味がないのでは？　と思われるかもしれません。ただ、国別ランキング形式の場合、欧米が上位であるのに対して、総じて低位なのがアジア、という長年続いてきた傾向があります。

**生島**　経済も西（欧米）高・東（アジア）低なんだ。

**岩本**　中国はGDPの総額は大きくても一人あたりが低いとなれば、国全体の豊かさを国民一人一人は享受できていない、ということになりますよね。単純に考えて、社会的なインフラが整い、国の豊かさが国民一人一人に適切に分配されることで各個人も豊かになっていくというのが理想でしょう。そういった意味で、一人あたりGDPのランキングが下位であるよりは、上位にあるほうがよいですよね。

**生島**　そりゃそうだ。

# 今でも日本は世界一のお金持ち国家だった

## 30年以上連続「対外純資産世界一」が意味すること

**岩本** 日本経済はまだまだ十分に底力があるんですよ、ということを示す客観的なデータがあります。実は日本が今でも世界一のお金持ち国家だってご存じでしょうか？

**生島** えっ、アメリカとかじゃなくて、日本が世界一なんですか？

**岩本** はい。**日本は32年連続で「対外純資産が世界一」**なんです。

**生島** 対外純資産が世界一って、どういうことなんですか？

**岩本** ある国の企業や個人、政府が海外に持つ対外資産から、海外投資家などがその国に持つ資産である対外負債を差し引いて、プラスなら「対外純資産」、マイナスなら「対外純債務」となります。

２０２２年末時点での財務省公表の対外資産・負債残高によると、**日本の「対外純資産」は前年末比０・２％増の４１８兆６２８５億円となり、過去最高を更新**しました。急激な円安が進んだことで外貨建て資産の評価額が円換算をした際に膨らんだこともあ

(図表1-5)主要国の対外純資産額

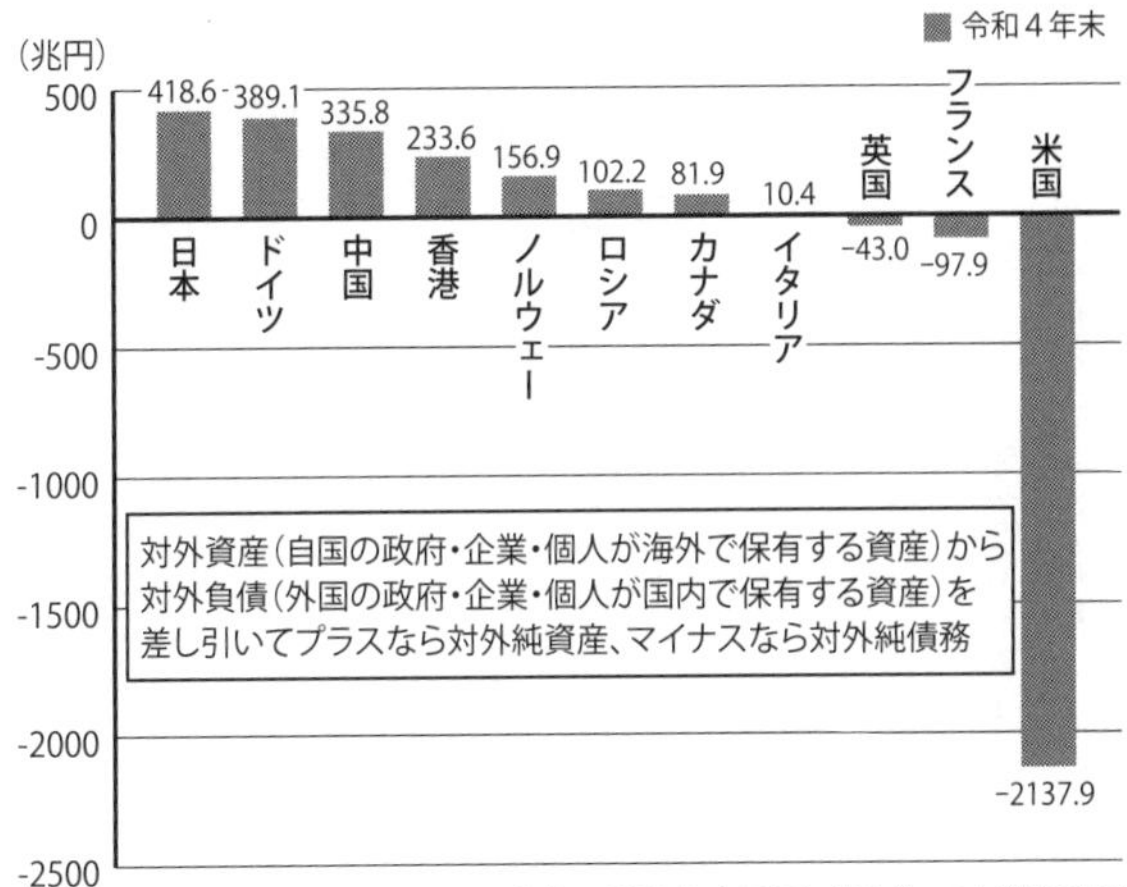


出典：財務省 主要国（地域）の対外純資産

るのですが、これで実に32年連続で日本は世界最大の対外純資産を持つ国となりました。

**生島**　日本は世界で一番、海外に資産を保有していると。

**岩本**　はい。それでは反対に、世界最大の対外純債務国はどこなのか？　というと、これがアメリカなんです。世界最大の対外純資産国が日本、世界最大の対外純債務国は米国というのは、ここ数十年ずっと変わらない立ち位置でもあるんです。

そんな話は聞いたことがないという方もいらっしゃるかと思うのですが、財務省のホームページには主要国との比較も掲載されています（図表１－５）。

**生島**　本当だ。日本はドイツや中国より対外資産を持っているんだ。で、アメリカはとてつもない債務を抱えている……アメリカは借金まみれでも大丈夫なんですか？

**岩本**　日本は国外への貸し出しが世界一のお金持ちの国と言えますし、一方のアメリカは世界最大の借金大国と言えます。それでもなお、アメリカが世界経済の中心にいるので海外から資本が流入しやすいです。また、アメリカは対外債務もありますが、対外債権も額としては大きいです。米ドルが基軸通貨として確固たる地位を維持しているため、対外債務のほとんどがドル建て、というのも大きなポイントですね。

世界経済が順当に拡大する時期なら、世界中からアメリカに投資資金が舞い込みますが、サブプライム危機や9・11同時多発テロというような、ひとたび危機的状況が発生すれば、海外投資家は一斉にアメリカから資金を引き揚げます。

借金大国アメリカの米ドルは、潜在的には売られやすい状態にあるとも言えます。ただし、ドルが下落してもドルベースの対外債務がほとんどですから、米国の債務者の負担は増えません。為替差損を被るのは海外投資家です。また、ドル安・外貨高なら米国の投資家の保有する海外資産は為替差益を生じます。

**生島**　それで米投資家もこの円安のステージでもどんどん日本の株を買っているんです

ね！

**岩本**　これは私の為替ディーラーとしての経験則からですが、**ドル安の動きはドル高以上に速い場合が多い**です。数日で数十円円高に動いても、まったく驚きません。

**生島**　つまり、対ドルに対して、円安になるスピードより、円高になるスピードのほうが速いことが多いということですね。

**岩本**　はい、経験上、そういう傾向が強いと感じています。

話を日本に戻しますと、「日本の借金は1200兆円超え」と不安をあおる報道をよく耳にするのですが、世界一の日本国全体の資産には触れずに、政府の負債の金額ばかりを取り上げるのもいかがなものかと思うんですね。

**生島**　そうだ、そうだ！　もっと良い部分に目を向けよ！

## 国の借金の倍近くある個人の金融資産

**生島**　対外純資産だけじゃなくて、日本は個人が持つ金融資産も多いんですよね。2000兆円でしたっけ？

**岩本**　日本で経済活動を行うのは金融機関、非金融法人（株式会社など）、一般政府、家計、民間非営利団体（ＮＰＯ法人）の５つの主体となります。それぞれの主体に資産と負債の両方があります。家計の資産に着目して日本銀行の資金循環統計を見ると、個人が保有する預金や株式など家計部門の金融資産は主に株価の上昇により、２０２３年９月末時点で２１２１兆円、過去最高を更新しました。ということで、**政府にはたしかに借金がありますが、家計にはそれ以上の資産がある**ということになります。

**生島**　日本は、国全体もお金を持っているけど、個人はもっと持っている。

**岩本**　各経済主体の資産と負債を足し上げると国全体として海外に貸し出しできるほどお金を持っていて、中でも家計の持つ資産は大きいというわけです。

国、個人と来たので企業はどうか、というと、企業の場合は資金循環統計では資産より負債が多くなっています。ただ、日本企業のこの10年の財務状況を見てみると、多くの資産を持つに至っています。

**生島**　企業もあるところにはお金がある！

**岩本**　はい。現役世代があれだけ頑張っていますから、企業の収益は上がるはずですよね。内部留保は企業が毎年生み出した利益から、税金や配当、役員報酬などを差し引いた分の累積で、貸借対照表上では「利益剰余金」とされています。内部留保は企業が溜め込

（図表1-6）日本企業の財務の動向

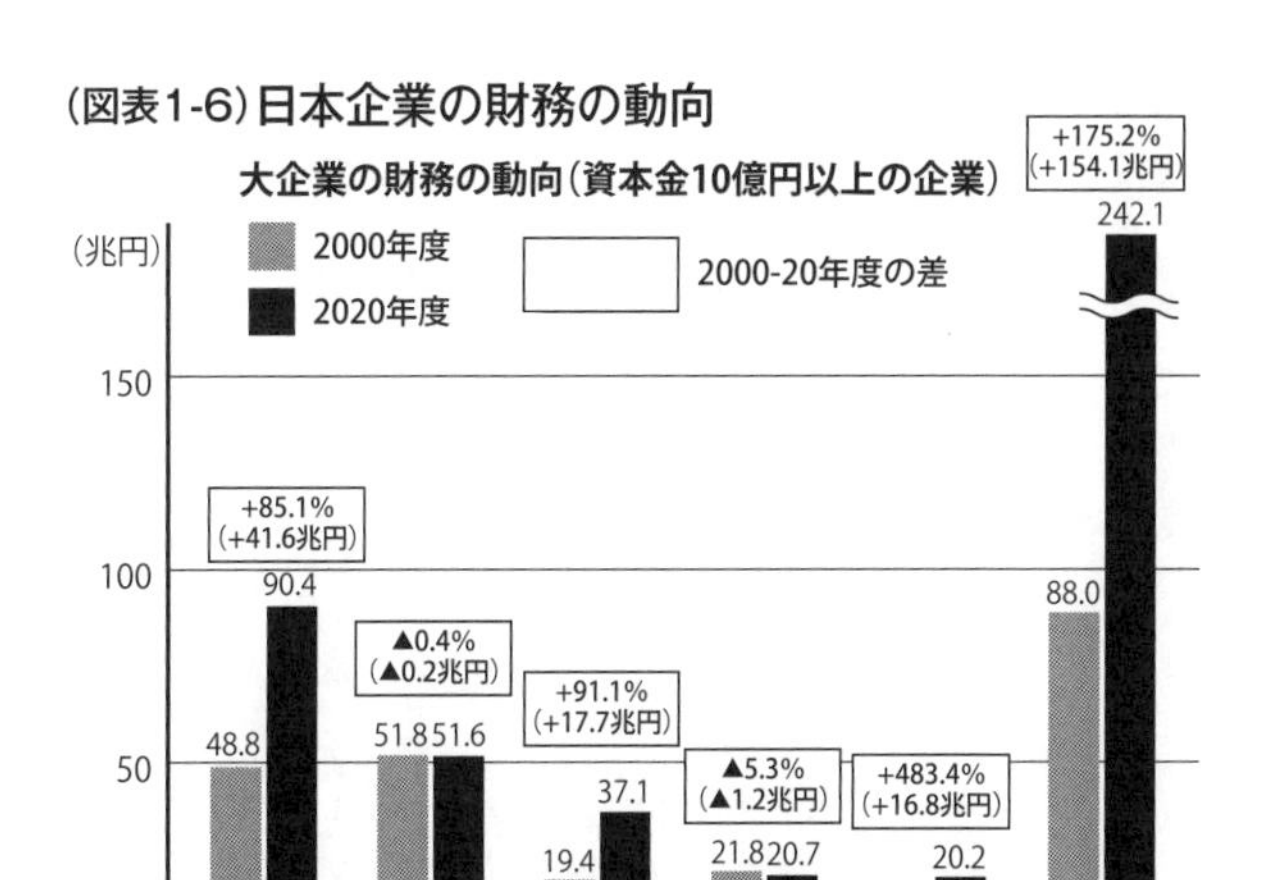


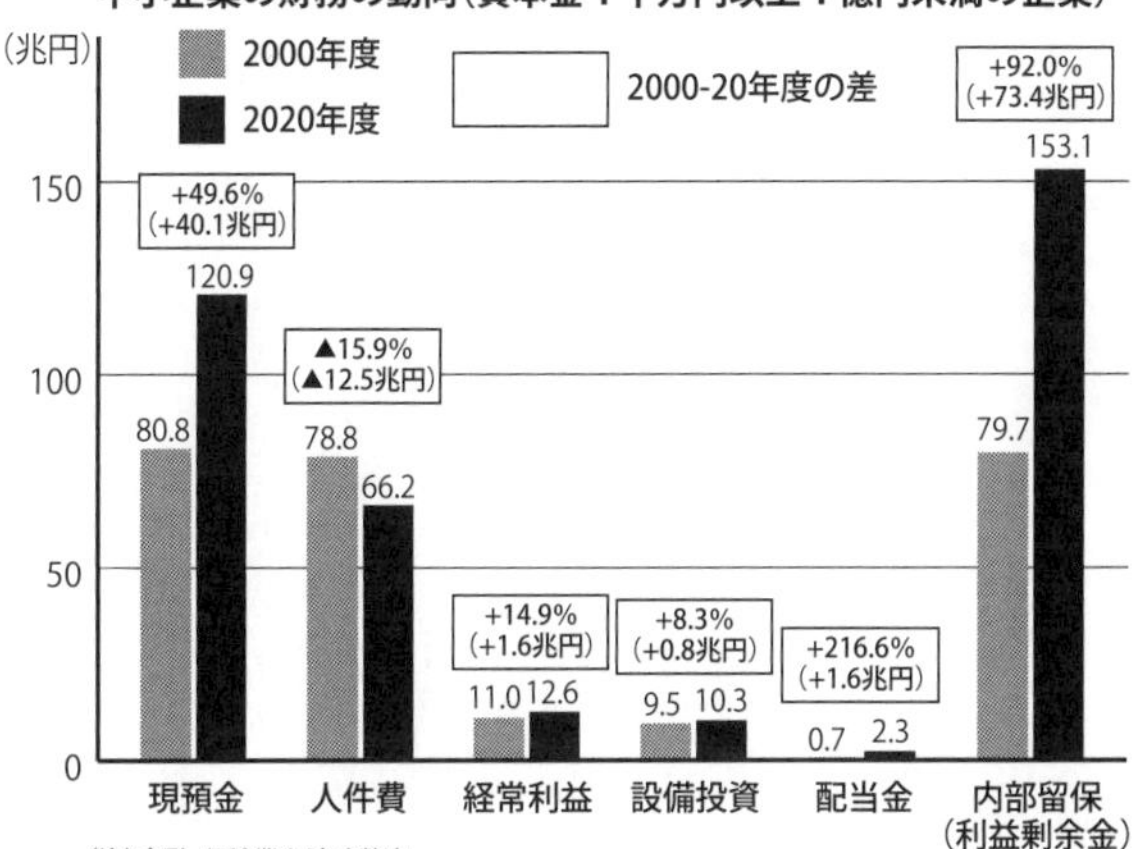


（注）金融・保険業を除く数字。
現預金：現金・預金、流動資産の有価証券　人件費：従業員給与、従業員賞与、福利厚生費

出典：内閣官房　新しい資本主義実現本部事務局
「賃金・人的資本に関するデータ集」

んでいるお金と思われがちですが、そして、もちろん現預金となっている部分もありますが、設備投資として使われている部分もあります。

**生島**　必ずしも現金として持っているだけではない。

**岩本**　令和3年に内閣官房の新しい資本主義実現本部事務局から「賃金・人的資本に関するデータ集」が公表されました。図表（図表1－6）を見ると、2000年度から2020年度にかけて、大企業（資本金10億円以上）の内部留保は175・2％、金額にして154・1兆円、現預金は85・1％、金額にして41・6兆円増えています。

中小企業（資本金1千万円以上1億円未満）についても、内部留保は92・0％、金額にして73・4兆円、現預金は49・6％、金額にして40・1兆円増えています。

**生島**　**「失われたン十年」とか言うけど、これを見ると、日本企業はちゃんと儲けているんですね。**

**岩本**　はい。個別に見れば様々ですが、全体を俯瞰すると、統計上はそうなります。

## なぜ多くの国民はその恩恵を受けられないのか

**生島**　こう見ていくと、日本は、国も個人も企業も、お金があるところにはある。でも、なぜか我々国民はその恩恵を受けていない気がするんですが？

**岩本** それについては、例えば、国の問題で言うと、対外純資産が多いということは、国内に向かわずお金が海外へと回っている、ということでもあります。資産を世界一持っているのは間違いないのですが、国内で有効に使われずに海外へと出て行ってしまうという、お金の流れ方に問題がありますね。

**生島** なるほど。

**岩本** 企業の問題で言うと、90年代後半以降、バブル崩壊の影響で債務の圧縮に迫られ、貸しはがしなどもありました。いざという時のための現預金や内部留保（利益剰余金）は伸びましたが、人件費や設備投資にはお金が十分に回らないままとなっていた、ということもあると思います。

企業が生み出す付加価値について、働く人がどれだけ配分をされているかを見る指標に「労働分配率」があります。労働分配率が低下傾向にあるのは日本だけではなく、先進各国で見受けられる傾向となります（図表1－7）。

**生島** 賃金に回っていないわけですね。

**岩本** 同資料では、先進国の1人あたり実質賃金の推移を比べているのですが、1991

## （図表1-7）国際的に見た労働分配率の低下傾向

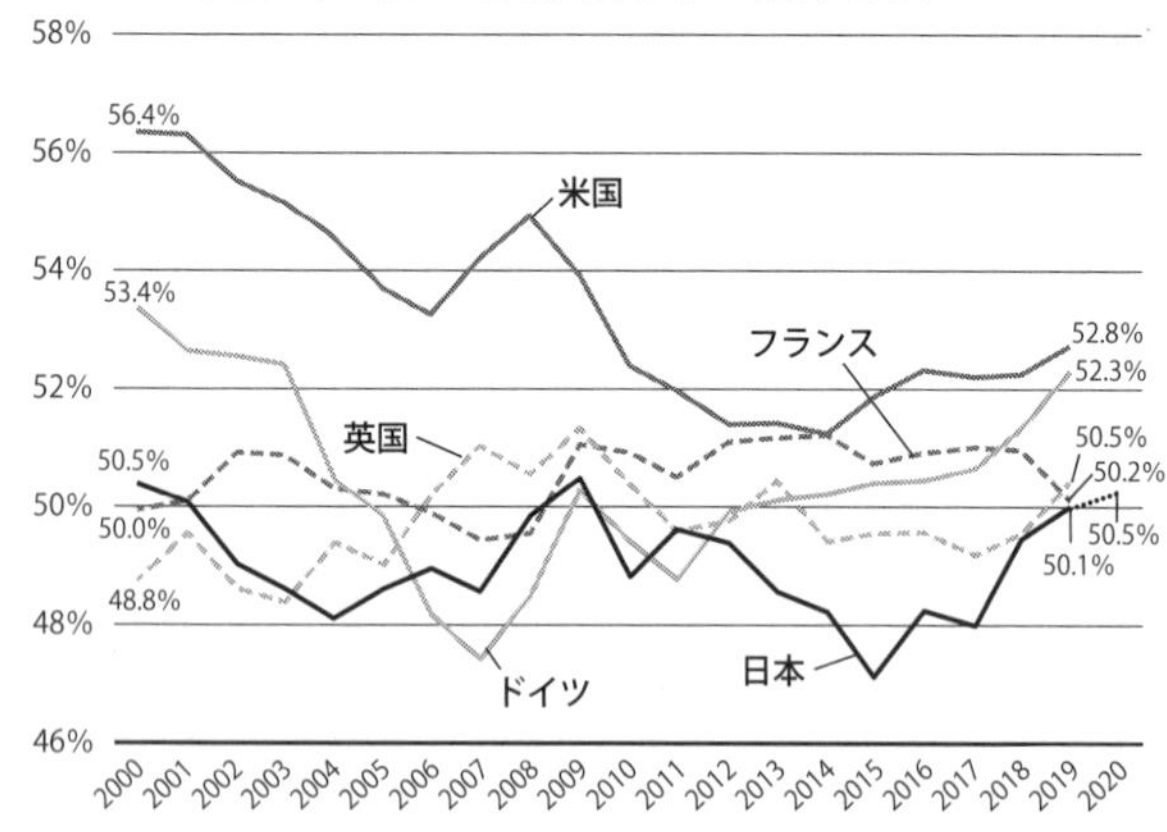


出典：内閣官房 新しい資本主義実現本部事務局
「賃金・人的資本に関するデータ集」

年から2019年にかけて、英国は1・48倍、米国は1・41倍、フランスとドイツは1・34倍に上昇したのに対して、日本は1・05倍。

そんな中での家計消費ですが、1990年から2019年にかけて、米国は2・16倍、英国は1・90倍、フランスは1・55倍、ドイツは1・42倍。対して、日本の家計消費は1・3倍の伸びです。

**生島**　賃金も伸びていないけど、家計消費も先進国の中では低い！

**岩本**　収入から税金や社会保険料などを差し引いた、自分で自由に使えるお金（可処分所得）が伸びれば家計消費も伸びるのですが、日本の場合はその可処分所得が伸びてこない状態です。

**生島**　賃金が伸びてないからですか？

**岩本**　それもありますが、現役世代の所得水準の低下、シニア層が非正規など低い賃金へとシフトしたこと、消費額が少なくなる高齢者世帯の増加といったことが消費を抑制している側面があると考えられます。

雇用者報酬と可処分所得の伸び率を見ると、雇用者報酬そのものは控えめではありますが伸びているにもかかわらず、可処分所得の伸び率は低い状態です。

**生島**　なぜこうした状況になるんでしょう？

**岩本**　例えば、雇用者報酬は２０１０年から２０２１年にかけて増加していますが、所得税、社会保険料の負担のほうも増加しています。その結果、可処分所得の増加は緩やかなものになっています。また２０１４年と２０１９年には消費税の増税がありましたので、実際に自由に使える実質の可処分所得はもっと少なかったという指摘もされています。

**生島**　**税金や社会保険料の負担が上がっているのが、一番の原因**なんですね。

**岩本**　賃金の伸び悩み、社会保障や税金の負担増、そして足元の物価高もあり、世界最大の資産国でありながら、庶民としてはその実感がないというのが実情と思われます。

**生島**　う〜ん、国は資産をたくさん持っているんだから、国民に負担を強いるばかりじゃなくて、もっと上手に使ってほしいですね。

**岩本**　はい。資産はあるのですから、いたずらに国民を不安にさせて、日本が破綻しかねないから増税を、財源不足だから負担増を、といった言説はほどほどにしていただいて、成長につながるようなバランスの良い分配にも目を向けてもらえたらと思います。

**生島**　そうだ、そうだ！

# 2章

世界の経済トレンドが〝新たなフェーズ〟に突入!?

# この物価高はいつまで続く?
# 円安はなぜ起こる?

# この物価高は誰のせい？

## コロナ以前・以後で世界経済のフェーズが変わった⁉

**生島**　日本は国としては世界一お金（資産）を持っているし、企業も個人も十分に蓄えがあるということでしたけど、ここ数年、あれも値上げ、これも値上げのオンパレードで、国民生活はどんどん厳しくなっている印象です。この日本の物価上昇って、世界と比べてどうなんでしょうか？

**岩本**　物価上昇率だけで見ると、世界と比べれば「まだマシなほう」ということは言えると思います。実際、ロンドン在住の私の知り合いは２０２２年は年間の光熱費・食費が前の年に比べて3割、４割増しになったと嘆いていました。

**生島**　世界と比べるとこれでもマイルドなんだ。

**岩本**　２０２４年の春闘は30年ぶりの高水準といった話がようやく出てきましたが、これまで積極的に人への投資がされてこなかったこともあって、足元の物価上昇になかなか賃金アップが追いついていない状況です。そこに追い打ちをかけるような、急激な円安による輸入物価の上昇となれば、やはり家計は圧迫されますよね。

**生島**　ですよねぇ。

**岩本**　さらに、長期的かつ世界的な物価傾向を考えると、**コロナ以前・以降ではフェーズが変わった**のではないかと私は見ています。

**生島**　フェーズが変わったというと？

**岩本**　冷戦終結からコロナまでの30年は、グローバル経済の名のもとに国境の垣根が低くなった時代です。人もモノも情報もお金も、行き来がしやすい時代でした。

**生島**　ボーダレスの時代！

**岩本**　米中の覇権争いはコロナ以前からありましたが、安全保障のためとされる輸出管理規則が敷かれました。最近になってＥＶ（電気自動車）の問題が何かと取り沙汰されるようになりましたが、コロナ後に米国ではインフレ抑制法（米国、カナダ、メキシコにＥＶの最終組み立て拠点を置くことで税控除が受けられる）ができ、米中の動きに対抗するように、ＥＵではグリーン・ディール産業計画（欧州の気候変動目標を達成するためのＥＵ域内の経済支援策）などが出てきました。

また「西側諸国」vs「（一枚岩ではないものの）中露」という構図もあり、世界中のあちらこちらでいわばブロック経済化のようなものが少しずつ進んでいます。

**生島**　ボーダレスの逆を行く流れになってきているんですね。

**岩本**　はい。そうなると、国境を越えるのに関税がかかります。輸送コストもアップします。**以前の30年のような経済がグローバル化し、安さが求められ、実際に値段が安くなった時代とは大きく変わって、価格が上がりやすいフェーズに入った**という見方もできませんか？

**生島**　**経済トレンドの潮目が変わった**のですね。

**岩本**　その可能性があるように思います。その上で、目先の世界的な急激な物価上昇のピークは2022年で、2023年に入ってからは落ち着きを取り戻しつつある、という状況が見受けられます（図表2－1）。

**生島**　なぜこんなに物価が上がっているのか、その根本的な原因は何なんでしょうか？

**岩本**　すでに多くの指摘がありますが、日本の場合は円安とエネルギーコストの上昇など複合的な要因が、日銀の金融政策とも相まって、という状況があったと思います。

まずは新型コロナウイルスの感染拡大によりモノやサービスの提供が滞ったところに、感染症の収束とともに世界中で一気に需要が噴出し、供給が追い付かなくなってし

(図表2-1)コロナ下での消費者物価指数(月次、前年同月比、国際比較)

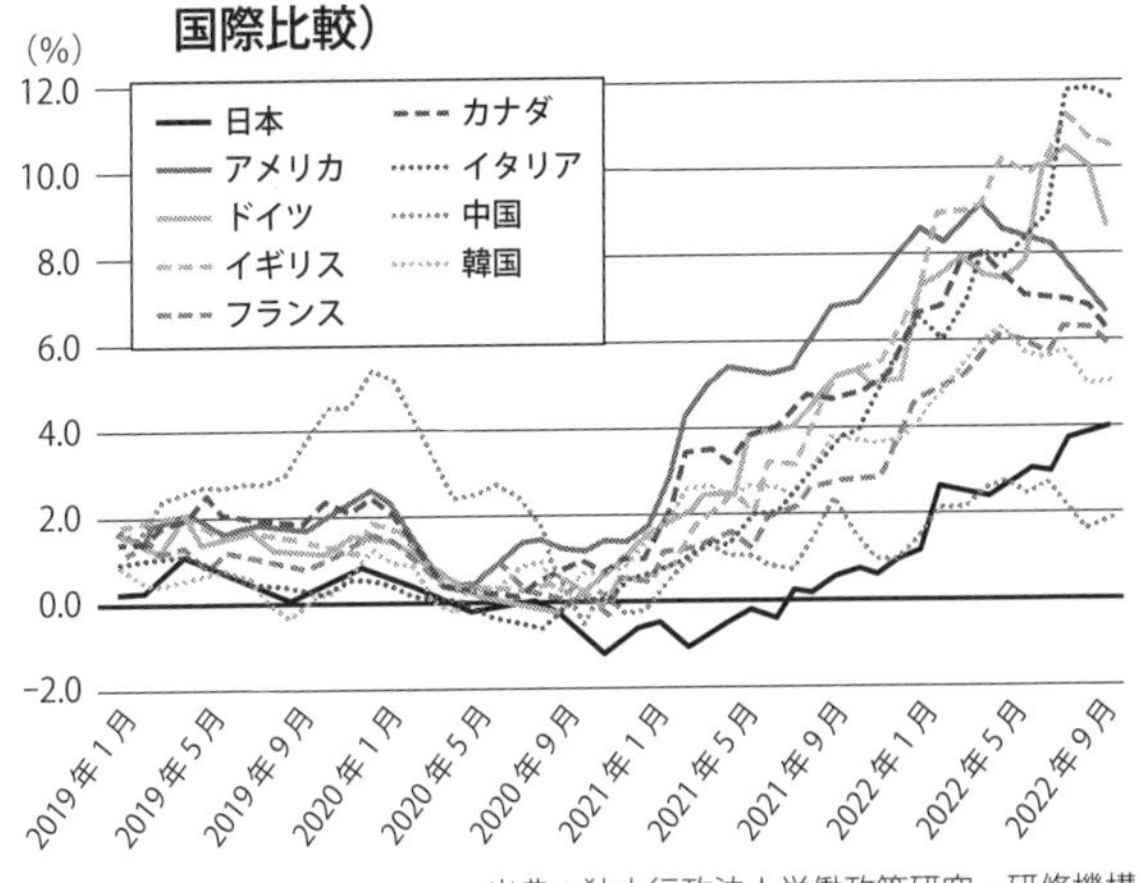


出典:独立行政法人労働政策研究・研修機構

まいました。そこにロシアによるウクライナ侵略があり、世界的な供給危機から、穀物のほか、原油やLNG(液化天然ガス)といったエネルギー資源などの国際価格が大きく上昇、食糧やエネルギーの多くを輸入に頼る日本では、それがモノの値段にも跳ね返ることになりました。

さらに、足元のインフレ懸念から主要各国は急激な政策金利の引き上げを実施しましたが、日本だけはマイナス金利を継続したことで各国との金利差から円売りが発生、円安で輸入物価がさらに上昇することになりました。

**生島** **為替って、2つの国の金利差が大きく関わってくる**んですよね。2022年からの円安の流れは、金利の安い日本から、金利の高いアメリカにお金が流れていった。その結果、円を売ってドルを買う流れになったため、円安になったということですよね。

**岩本**　そうですね。水は高いほうから低いほうへ流れていきますが、お金の流れは逆で、金利の低いほうから高いほうへと流れていきます。それとともに、**貿易赤字も円安を加速させた要因の一つ**でしょう。

**生島**　２０２２年は日本の貿易赤字が過去最大になったというニュースもありましたけど、それも円安に関係しているんですか？

**岩本**　そうですね、２０２２年の貿易赤字は鉱物性燃料（石炭、石油、ＬＮＧなど）の輸入価格が上がったことが赤字の主な原因とされていますが、日本の貿易収支の赤字傾向は、実は２０１１年頃から目立つようになりました。

**生島**　日本はメイドインジャパンの優れた製品を、外国にじゃんじゃん売ることで儲かってきた貿易立国だったはずですが、今はそうではなくなってきているんですね。でも、なんで貿易赤字になると円安になるんですか？

**岩本**　端的に、教科書的に言うなら、貿易収支が黒字であれば、相手国から受け取る外貨が増え、受け取った外貨を円に替えるための外貨売り・円買い需要が発生して円高になりや

## （図表2-2）日本の貿易収支とドル円の為替レートの推移

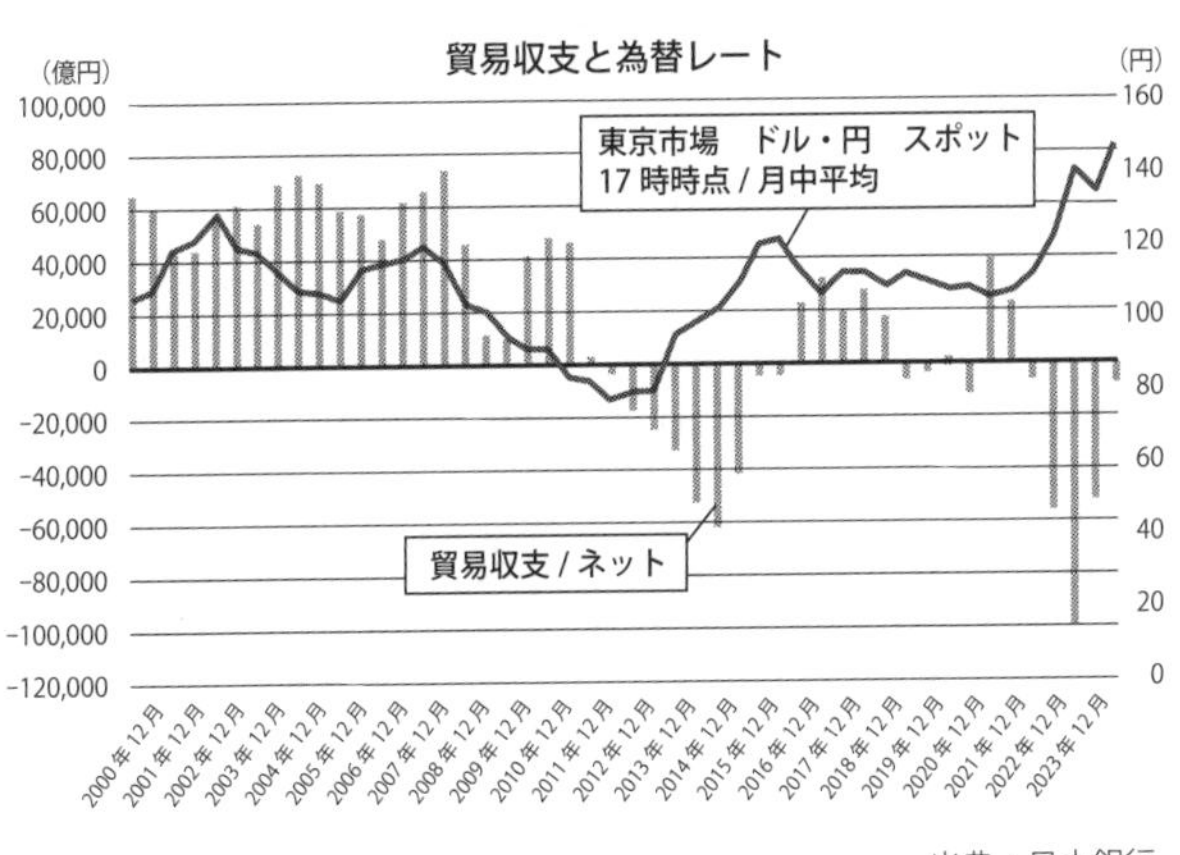


出典：日本銀行

すいです。逆に**赤字となれば、海外への支払いのための外貨買い・円売り需要が発生し円安になりやすい**、となります。

**生島**　なるほど。

**岩本**　実際に、貿易収支と為替レートの関係を見ても（図表２－２）、２０１１年に貿易収支が黒字から赤字へ、赤字幅が広がった２０１３年を経て、再度黒字転換する２０１５年上期まで、ドル円為替レートは75円から１２５円台にまで円安が進みました。

また、直近を見ても、貿易黒字から赤字に転換した21年下期は１００円台、今回の貿易赤字のピークは２０２２年で、23年上期は縮小したものの赤字のままで、この間に151円まで円安が進みました。

**生島**　本当だ、見事に連動している。

**岩本**　もちろん、貿易収支だけが為替を決定する要因ではありませんが、一つの要素になっているとは言えそうです。

**生島**　貿易赤字と円安にはそんな関係があるんですね。

## 日本の金融政策がもたらした円安

**岩本**　貿易収支の赤字転換もありましたが、でも、やはり大きいのは、アベノミクスの大号令のもとで、2013年から日本銀行の黒田前総裁が大幅な金融緩和を開始し、それを10年余り継続してきたことですね。

先にも述べましたが、お金は金利の低いほうから高いほうへと流れていきます。短期の金利だけでなく、長期金利についても日銀は10年物国債金利がゼロ%程度で推移するよう、大規模な長期国債の買い入れを長らく実施してきました。短期金利はマイナスに、長期金利もゼロに維持することで、それらに連動する預貯金なども超のつく低金利に抑えて、国内から海外へと資金の移動を積極的に後押しし、円安を進めたような状態です。

長短金利操作(イールド・カーブ・コントロール、YCC)のうち、長期金利の変動幅は2022年12月から段階的に拡大、短期金利も2024年3月にマイナス金利解除となり、金利正常化に向けて動き出しました。その際の変更は次の3点です。

①17年ぶりの利上げ:−(マイナス)0・1〜0%で誘導していた短期金利を0〜0・1%へ
②長期金利の上限廃止:YCCの枠組み終了
③ETF・REITの新規買い入れの終了

長期金利の急激な上昇の際には機動的に長期国債を買い入れ、緩和的スタンスは当面維持と日銀はしていますが、今後は金利のない世界から金利のある世界への準備が必要です。現状、住宅ローンの7割が変動金利とのこと。固定への変更、新規もFLAT35(フラット)などの固定が得策でしょう(賃貸で家賃を払う場合、月額いくらまでだったら支払うことができるのか。その月額家賃をそのまま固定金利での月額ローンの設定金額とし、そこから換算した総額がその方にとって無理のないローン額となるはずです)。

**生島** それにしても、なんで日銀は、あえて円安になるような政策を続けたのですかね?

**岩本**　アベノミクスのスタート時点では、**異次元の金融緩和をして、円安となれば、輸出拡大となって、企業収益が増える。そうすれば、賃金もアップして、物価上昇目標の2％も達成できる、というシナリオ**でした。

**生島**　そうでしたね。

**岩本**　ただ、私自身は正直なところ、そのシナリオはかなり訝しく思っていました。というのも、日本の経済構造が以前とはかなり変化している中で、かつてのような、輸出で稼いで国内経済もバラ色！といった状況がそんなに簡単に起こりうるものだろうかと、考えていたからです。

**生島**　日本経済の構造が変わっている、と？

**岩本**　はい。事前のシナリオ通りにいかなかったことに関して、黒田前総裁の誤算といった評価も少なからずあるようですが、２０２１年12月の段階で黒田氏は「円安が物価上昇を通じて家計所得に及ぼすマイナスの影響が強まっている可能性がある」と講演で触れていました。黒田総裁ほどの立場の方が日本の構造変化についてそもそもご存じないということはありえませんので、円安の効果は一般庶民には限定的、という認識はあったのではないでしょうか。

**生島**　実際に、一般庶民の家計を苦しめている。けしからん話ですね！

**岩本**　その黒田発言に絡めて、そして先ほどの日本の経済構造が変化しているという点に関して、2022年1月19日付の日銀公表の「経済・物価情勢の展望」に詳しく書かれていたことがありましたので、少しご紹介します。

**生島**　「経済・物価情勢の展望」とはどういうものなんですか？

**岩本**　日銀が物価や成長率などの見通しを年4回公表する、通称「展望レポート」と呼ばれるものです。

当該レポートでは円安が国内経済に及ぼす経路として主に5点を挙げています。

①輸出企業のモノの輸出数量の増加
②国内企業の①を通じての収益増加
③サービス輸出の増加（インバウンドなど）
④所得収支の改善（海外投資による受取増）
⑤輸入コスト上昇による国内企業収益の下押し・消費者の購買力低下

**生島**　メリット・デメリットの両方が含まれていますね。

**岩本**　円安による日本経済への影響を中立的に示す内容です。ポイントは「近年、国内経済や物価に影響を及ぼすこの主要経路が変化をきたした」との指摘でしょう。

**生島**　具体的にはどのような変化があったんでしょうか？

**岩本**　①②について、2010年代の半ばまでに主要な輸出企業が生産拠点の海外シフトを進めた結果、モノの輸出は減少しています。上場企業のうち製造業で海外現地生産を行う割合は1986年には3割程度だったものが2010年代には7割となっています。製造工程の1つで、加工型製造業（金属やプラスチックなどの原材料から目的の形へ設計図に従って製造する業種）だけを見れば、すでに2000年代の初頭に7割近くになっています。

**生島**　日本国内で製造して、それを外国に輸出して売る、というビジネスモデルではなくなっている。

**岩本**　はい。**現地で生産して現地で販売するなら、円安・円高の為替の動きにあまり影響を受けない企業体質になっている**と言えます。

**生島**　そうなると、個別企業は良くても国内への円安のメリットは限定的ですね。

**岩本**　おっしゃる通りです。③については、インバウンドは拡大傾向にあるものの、それでも日本の対GDP比率で見ると0・7%程度です。

**生島**　たくさんの外国人観光客が日本にやって来て、お金を使ってくれて、インバウンドで日本経済が潤う、なんて言われたりしますけど、GDPの割合から見たら、それほど大きなものではないんですね。

**岩本**　インバウンドは日本のサービスの輸出に相当し、コロナ前2019年のインバウンド消費は4・6兆円でした。日本の主要輸出品(2019年)と比べてみると、自動車(12・0兆円)、半導体等電子部品(4・0兆円)、自動車部品(3・6兆円)、鉄鋼(3・1兆円)ですので、輸出産業としては上位に食い込んでいることになります。外国人観光客が日本の良さを知ってくれるのは嬉しいことですし、観光地のインフラが整うこともあります。日本経済にとって悪いことではないんですけれども、**日本経済の規模から見ると、みなさんが想像するほどは大きいというわけではない**んですね。

④は海外投資の結果のリターンや、海外で稼ぐお金が多ければ、それを円に替える際、円安のほうが嵩増しされることになります。

ここでの問題は、**海外であげた収益が国内にしっかり戻ってきて、そのまま設備投資**

**や雇用・賃金アップにつながるかどうかはわからない**、という点です。実際に国内投資に回すかどうかは、個別企業の判断によるところが大きいためです。

**生島**　海外で儲けても、そのまま海外に置いたまま、あるいは日本に持ってきても企業の中に留めてしまったら、庶民の生活にはあまりメリットは生まれないですよね。

**岩本**　その通りです。

**生島**　⑤については黒田さんが講演で言っていた「円安が物価上昇を通じて家計所得に及ぼすマイナスの影響が強まっている」ってやつですね。

**岩本**　そうです。円安効果が国内に浸透するかはわからないまま、円安によるデメリットだけが残れば、国内経済はシンドクなりますよね。それが今、国民の多くが円安・物価上昇で苦しいと感じていることにつながっているのではないでしょうか。

円安・円高ともにメリット・デメリットがありますから、少なくとも円安でバラ色！などと日本経済が抱える問題を単純に円安だけで解決しようとするのは無理があります。経済や金融の問題は多面的・多角的にアプローチするしかないわけで、単純明快で聞こえのよいプロパガンダ的な言説が出てきたら、眉にツバしたほうがいいですね。

**生島**　なるほど、注意したいですね。

# 物価高の一大要因・円安はいつまで続く？

## この先のドル円相場を占うもの

**生島**　それにしても、この物価高の原因となっている円安はいつまで続くのでしょう？

**岩本**　150円台が今回のドル高のピークになるのではないかと考えています。「頭と尻尾はくれてやれ」の相場格言は、最安値で買って最高値で売るのは無理との戒め(いまし)になりますが、150円台以上がその「くれてやれ」の部分となって、ドル安円高への転換は2024年夏以降になるのではないか、というイメージです。

ただ、ピンポイントで何月何日に何円でドルがピークアウトする、という予想はあまり意味がないと思っています。というのも、そうした予想を完璧にするのは不可能だからです。それよりも、どういった状況になるとドル高円安が開始となり、どういった状況になればそれが反転するのかという状況判断のほうが、相場の先行きを考える上では大切だろうというのが長年の経験則です。

**生島**　今回のドル高円安は日米金利差が拡大したから、という話は報道でもずいぶんありましたが、この金利差は縮まりそうですか?

**岩本**　米国は2020年3月にゼロ金利政策を導入しましたが、2022年3月からは政策金利を引き上げ、急激な引き締めを開始しました。

**生島**　政策金利を引き上げると、連動して銀行預金などの金利も上がり、企業も個人もお金を借りにくくなって、世の中に出回るお金の流通量が減る。そうすると、過熱した景気が冷まされて、物価の上昇を抑えることになるんですよね。

**岩本**　そうですね。米国の金利引き上げはそういう意図から行われたとされています。

**生島**　そうなると、日本で銀行にお金を預けても金利が0%、米国は5%以上となれば、そりゃ高金利のほうへお金を移そうとなりますよね。

**岩本**　一般投資家、プロの機関投資家、そして投機家であればなおさら、お金を遊ばせておくわけにはいかないので、少しでも稼げるほうへと食指が動くのは当然かと思います。

**生島**　そりゃそうだ。

**岩本**　ただ、この金利差というのは劇薬なようなもので、金利差が拡大していく時＝薬を服用している時はよく効くのですが、薬が切れるととたんに効果が薄れます。下手をすると禁断症状のような激しい副作用が出てくる可能性もあります。ドル高のスピードよ

(図表2-3) 国際収支の仕組み

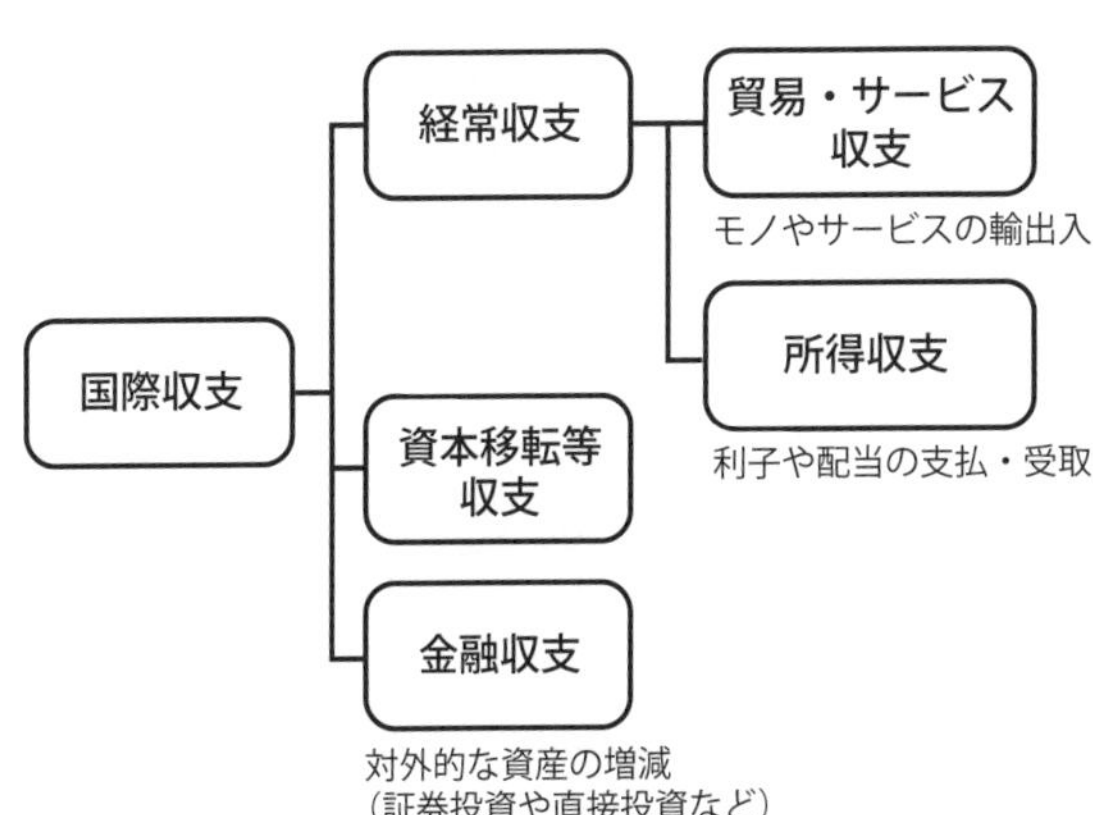


りもドル安のスピードのほうが速いことは先にも述べました。これについてはまた後ほど触れたいと思います。

**生島**　米国もいつまでも金利を上げるばかりでなく、いつかは下げるから要注意ということですね。

**岩本**　はい。先の貿易収支とも絡んでもう少しお話しさせていただくと、貿易収支も含む指標に「経常収支」があります。収支というとわかりにくいかもしれませんが、国境をまたいだお金のやり取りと思ってください。

経常収支の中には貿易収支のほかに、海外投資からの受け取りなどである「所得収支」も含まれます。日本は経常黒字が長らく続いてきました。かつては貿易収支で黒字を稼いできましたが、先ほども触れたように近年では貿易収支が赤字の時期も目立ってきました。そこで、現在は海外で稼ぐ所得収支の黒字で、日本は経常収支全体の黒字を維持しているような状況です。

**生島**　日本国内で製造して、それを輸出するような貿易で儲けるよりも、海外にお金を投資して、現地で稼ぐ日本人や日本の企業が増えてきたってことですね。

**岩本**　はい。この経常黒字は年々溜まっていきますので、その溜まった金額が1章で紹介した対外純資産となります。

**生島**　この30年あまりで、貿易収支や所得収支のプラスで溜まりに溜まった経常収支の黒字があって、その結果、日本は世界一海外にお金を貸し出せるような資産国家になっているということですね。

**岩本**　その通りです。対外純資産の内訳を見ると、大きな部分を占めるものに「証券投資」と「直接投資」があります。前者は株や債券などすぐに投資ができ、すぐに撤収できるような足の速い投資となります。対して、海外企業を買収したり、海外に工場を建てたりするなどの投資は、腰の据わった直接投資となります。

例えば、米国発で金融危機が発生したとしましょう。証券投資であればさっさと米国

(図表2-4)日本の対外純資産の内訳の推移

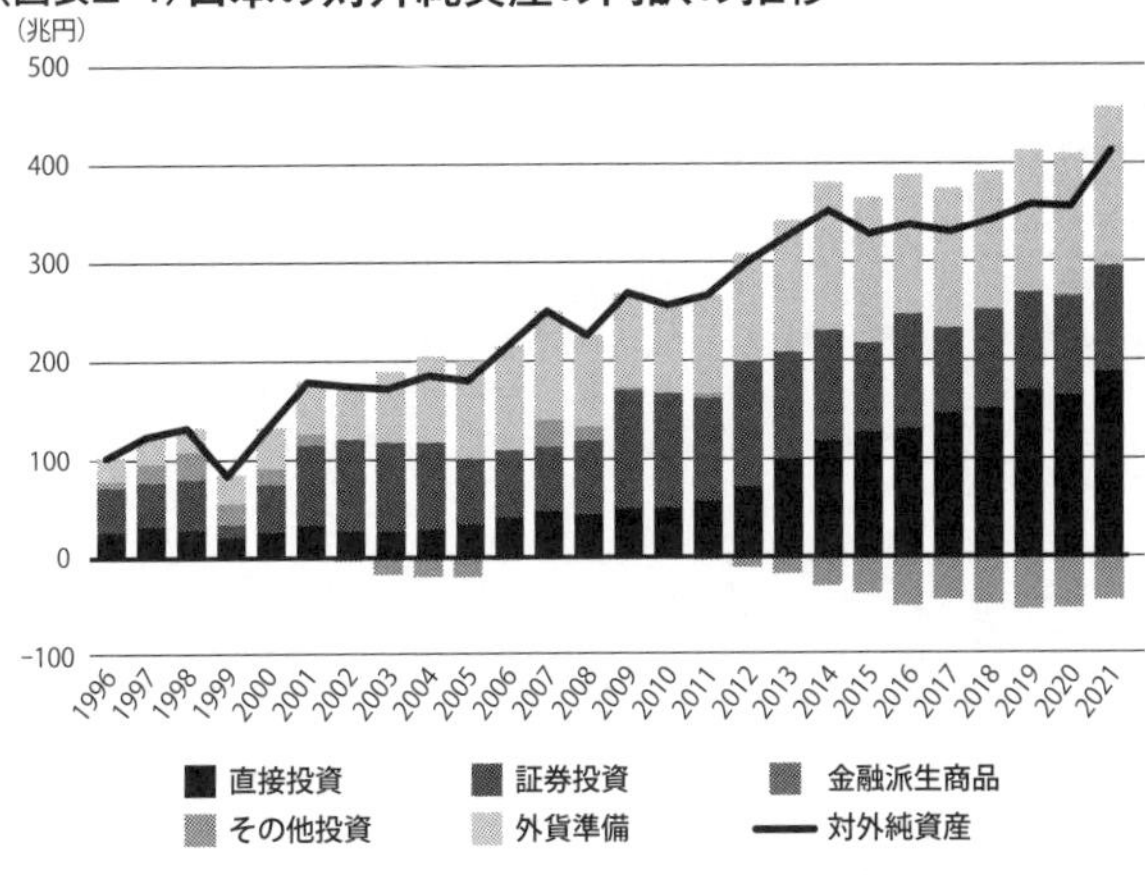


出典：財務省 本邦対外資産負債残高の推移

市場を見限って日本にお金を戻すことができます。しかし、直接投資であればそういうわけにはいきません。むしろ、現地にしっかり根を下ろして、長期的な視野に立っての投資ですから、危機が発生しても日本に円が戻ってきにくくなります。

対外純資産の内訳の推移を表したのが、図表2－4です。

**生島**　ここ10年くらいで、直接投資がぐっと増えていますね。

**岩本**　これが実はアベノミクスの第一の特徴ではないかと個人的には考えているのですが、お気づきの通り、**２０１３年までは証券投資＞直接投資だったものが、２０１４年から逆転**しています。

直接投資の中でもやはり目を見張るのは日本企業による対米直接投資で、今や世界最大の対米投資国は日本となりました。日本企業による対米直接投資は2012年の3026億ドルから2022年には7752億ドルと、10年で倍増しています。

**生島**　そんなに！　米国へと投資資金が日本から流れていたんですね。

**岩本**　当然のことながら、こうした投資資金が米国で根付くことで米国のGDPや米国の雇用の創出にも寄与しています。問題は、前述の通りこうした直接投資の資金はなかなか日本にお金が戻ってきにくい点です。

**生島**　お金が海外に出ていくばかりになってしまう⁉

**岩本**　その傾向にあると思います。

例えば、1998年には世界最大の米国のヘッジファンドLTCM（ロングターム・キャピタル・マネジメント）が破綻（はたん）、ロシア危機と相まって金融危機がありました。2001年の同時多発テロの際も、2008年のサブプライム・リーマンショックの時も、為替市場では危機が察知されると同時に急激な円高となりました。

普段は世界中に投資資金として出回っている円ですが、いったん危機に見舞われれば、危ない場所に資金を置いておくわけにはいかないと、日本に戻ってきます。また、他の通貨を保有している投資家も、米国や他の国に投資ができないとなると、それまで投資していた資金を引き揚げ、こぞって緊急避難的に安全通貨・避難通貨と言われる円とスイスフランに振り分けてきました。

ところが、**第二次世界大戦後最大の世界景気の後退局面といわれたコロナ危機では、資金が日本に戻ってこなかった**という状況です。為替市場では世界的な経済危機でも円買いがほとんど発生しなかったんです。

背景として、先に述べたように、この10年の投資構造の変化が大きかったように思われます。**日本円がここ数十年担ってきた安全通貨・避難通貨としての役割に変調が生じている**とも言えそうです。

**生島**　すると、この先、円はどうなっていくのでしょう?

**岩本**　コロナ危機以降は世界的な供給懸念から、物価上昇や主要国の政策金利の大幅な引き上げもあり、円安が進んだと申し上げました。

円安ドル高が極端に進めば、あるいはドル高に留まった時間が長くなると、その後のドル下落局面での下落幅は大きくなりがちです。ただし、構造変化を加味すると、例えば次に円高の局面となったとしても、ドル高がはげ落ちるのは金利差で買われてきた部分のみではないかという見方もできます。かつて1ドル70円台や80円台といった円高もありましたが、1ドル100円前後というのが1つの目安になりそうです。

## アメリカのこの政策が為替の動向を大きく左右する

**生島** 円高が進んだ場合100円前後が目安、ということですが、逆に円安が進んでも、今回の1ドル150円台がドルの最高値の目安になるのではないか、という話が先ほどありました。それはどうしてなんですか？

**岩本** はい。90年代初頭から為替市場で実際に取引に携わってきた中で感じたのは、急激にドル高が進むのは長くて3年程度ということです。もちろん、過去の経験則が必ず未来永劫、当てはまるとは考えておりませんし、そんなおこがましいことを申し上げるつもりはまったくありません。ただ、過去の経緯を参考にするなら、今回のドル高はちょうどバイデン政権が発足した2021年からスタートしましたので、21、22、23年はドル高、反転するなら24年以降という1つのイメージが湧いてくる、というのがまずあります。

**生島** 大統領によってドル高、ドル安に変わるということがあるんですか？

**岩本** 米国の場合は戦略的にドル高・ドル安をうまく使い分けているという印象です。大統領によってという場合もありますが、同じ大統領でも再選して任期が8年になると、前半4年と後半4年でドル安からドル高へと180度転換する場合もあります。ですから、バイデン大統領の前半4年がドル高だったからといって、仮に再選しても再選後の4年もドル高とは考えにくく、むしろドル安転換の可能性もあろうと思っています。

**生島** なるほど。では、米国第一主義のトランプ前大統領はどうだったんですか?

**岩本** トランプ政権の場合は非常にわかりやすくて、明らかにドル安志向でした。米国の巨額な貿易赤字は貿易相手国の通貨が安いため。貿易赤字是正に向けて為替はドル安にすべし、と折に触れ主張していました。「アメリカ・ファースト」は要するに米国の雇用を増やすべく、米国内で生産したものを海外に輸出して稼ぐ、という発想です。どの国にとってもそうですが、**自国の輸出にとって都合がよいのは通貨安ですから、ドル安志向**となります。具体的には1ドル100円割れの水準がトランプ政権には心地よかったはずです。

**生島** トランプ政権は1ドル100円割れを望んでいた?

**岩本** はい。米国は戦略的に通貨政策を変更させてきたと申しました。米国の現状の通貨戦略が比較的わかりやすく書かれているのが、米財務省が半期に一度公表する「為替報告書」になります。

**生島**　「為替報告書」とは？

**岩本**　米財務省が米議会に提出する報告書で、モノやサービス貿易の対米輸出入総額上位20か国・地域について、分析や検証がなされます。端的に米国の貿易相手国が自国の輸出に優位な通貨安へ人為的な為替操作をしていないかを分析・評価する内容とも言えます。

**生島**　他国が為替で不当な操作をしていないかをチェックするものなんですね。

**岩本**　はい。トランプ政権下で最後に出てきた報告書は2020年12月だったのですが、当時のドル円為替レートは1ドル103円前後でした。それでも「実質実効レート（物価動向などを加味したレート）では歴史的に見て円安水準」との記載がありました。つまり、1ドル100円台でも彼らにとっては円安、目指すは100円以下なのだろうな、というのを察することができるわけです。

**生島**　1ドル100円台でも円安？　今じゃ考えられない。それがバイデン政権ではガラッと変わったわけですね。

**岩本**　バイデン政権下で初めて出てきた報告書は2021年4月でした。当時は1ドル1

09円の頃です。その際の円についての記述は「ファンダメンタルズに沿った動き」でした。トランプ政権時に比べてドル高へと動き出していたわけですが、円は経済の基礎的条件に合った動きをしていて別にいいんじゃないの、というようなニュアンスにわずか半年の間に変化しました。さらに2022年の11月の報告書では、この時は一度1ドル151円を見てから1ドル140円台にまで戻ってきた頃ですが、「実質実効為替レートで50年ぶりの円安に近い水準にある」との記述がありました。

**生島** さすがに米国でも150円台は円安、という感じですか?

**岩本** たしかにそのようにも読めますね。日本語では同じ「円安」となってしまうのですが、**トランプ政権では円安をweak(弱い)と表現し、バイデン政権はsits、意味合いとしては「ここに存在する・客観的にある」という意味を持つ単語を使っていて、weakは使っていません。**非常に細かなニュアンスですが、バイデン政権はさほど円安を気にしてないのだなというのがなんとなく伝わってくるわけです。

**生島** では、これからも「為替報告書」を見れば米国の通貨戦略がわかるわけですね。

**岩本** はい、ドル高政策なのかドル安政策なのか、ざっくりしたイメージは掴めると思います。バイデン再選で出てくる「為替報告書」の内容が、ドル高からドル安へと転換をしていないか、トランプ復活なら、貿易赤字を問題視し、以前と同じドル安志向となるのか、確認したいです。

**生島** なるほど。要チェックですね。

**岩本** ただ、残念ながら「為替報告書」を読んでも、米国がピンポイントで円についてどう思っているかはわからなくなってしまったんです。

**生島** え？ 何があったんですか？

**岩本** この報告書は米国の貿易相手国が自国通貨安へと人為的な操作をしていないか監視するもので、ひどい国に対しては「操作国」として制裁対象とし、少し緩い場合は「監視対象」とします。

日本は長らく「監視対象」だったものの、ここ数回の報告書では監視対象のリストから除外され、その結果、日本についての分析・評価も報告書から削除されてしまいました。個人的には30年近く、時の政権の為替戦略を如実に示す資料として本報告書を読み続けてきたので、日本の記述がないのには一抹の寂しさも覚えているんですが……。

**生島** 日本が貿易強豪国として相手にされなくなってしまった!?

**岩本** そうした指摘もありますし、事実、米国の今のターゲットは中国で、米国の対日貿易赤字に比べ対中貿易赤字はケタが違いますので、そういう側面もあるかもしれません。
ただ、必ずしも日本を軽んじているのではないのかなとも思います。というのも、英国はこれまで対米輸出入総額の上位でも監視対象となった記憶がなく、それは米国が英国をパッシング（無視）しているわけではないと思うのです。米英は外交上最も重要なパートナーで、日本も英国と同じような同盟関係になったとも考えられます。
１９２３年に日英同盟を解消以来ということになりますが、２０１５年の段階で英国政府は欧州以外の相手国では唯一日本を「同盟国」と指定し、２０１７年には日英安全保障共同宣言に合意しています。現状はさしずめＵＫ、ＵＳＡ＋１（＝日本）という新三国同盟の状態にあると言えるのではないでしょうか。このあたりの政治的・外交的な話に関して私は門外漢ですから、あくまで一意見として受け取ってほしいのですが。

**生島**　いずれにしても、米国の金融政策は、今後の為替動向を大きく左右しますね。

**岩本**　はい。米国の金融政策の先行きを判断する目安の1つに、四半期に一度公表される「ドット・プロット」が挙げられます。こちらは連邦公開市場委員会（ＦＯＭＣ）参加者19名による今後の政策金利予測です。それによると米国の政策金利引き上げは２０２3年までで、24年からは引き下げ開始ということが随分と前から指摘されていました。

日米金利差縮小、円安から円高への反転は24年から、という予測になります。

**生島**　その「ドット・プロット」の最新版の内容はどうなっているんですか？

**岩本**　２０２４年３月の公表時の記者会見でＦＲＢ（米国の中央銀行にあたる連邦準備制度理事会）のパウエル議長が「政策金利はサイクルのピークに達している可能性が高い」とあらためて述べた上で、24年中に０・25％の利下げを３回との予測になりました。ＦＲＢはコロナ禍を経て、米国債と住宅ローン担保証券（ＭＢＳ）を買い進めてきました。その結果、膨張したバランスシートを縮小する量的引き締め（ＱＴ）に取り組んできましたが、そのＱＴを減速する方針も打ち出したために全体的にハト派的なトーンとなり、一部からは大統領選への配慮では？　といった声もありました。

**生島**　やっぱり市場は「ドット・プロット」やＦＲＢのパウエル議長の発言に注目しているんですね。

**岩本**　そうですね。米国の金融政策の大きな流れについて、政策を決定する当事者たちがどちらの方向に、どの程度向かっているのかを把握するには最も手っ取り早いので、市場参加者は注視しています。

## 「ビッグマック」の値段で見えてくる? 円の適正レート

**生島**　2024年夏以降、円高局面の芽が出てくるとして、どのくらいの円高になるんでしょうか? 先に100円程度が円高の一つの目安という話がありましたが。

**岩本**　これは先にも少し触れましたが、私の為替ディーラーとしての経験則から、**ドル安の動きはドル高以上に速い場合が多いです。数日で数十円円高に動いても、まったく驚きません。**

**生島**　つまり、対ドルに対して、円安になるスピードより、円高になるスピードのほうが速いことが多いということですね。

**岩本**　はい、経験上、そういう傾向が強いと感じています。

今は140円や150円に目が慣れているかと思うのですが、これまで私が経験した一番極端な例を挙げますと、1998年夏のロシアのデフォルトからその年の秋口にLTCMが破綻した際には、わずか3日間で134円台から111円台まで20円以上の円高となりました。この当時は実際に現場で取引をしていましたので、文字通り3日3晩マーケットから目が離せませんでした。こうした急激な動きが今後もありうるわけです。米国の政策金利は98年9月から11月の3か月間で、緊急利下げも入れて5・50%から4・75%まで引き下げられました。

**生島**　何年もかけて上がってきたドルが数週間、下手したら数日で元に戻ってしまうというわけですね。どうしてそのような急激な動きになるのでしょう？

**岩本**　そもそも、インフレが進むということは通貨価値がそれだけ下がることになります。米国がインフレで金利5%であれば米ドルの価値は年間5%減価していくのに対して、日本の金利が0%なら通貨価値が変わらないことを示しています。**金利差があればこそ米ドルに目が行きますが、金利差がなくなれば自ずと価値のある円が評価されるように**なります。先ほど金利差は劇薬のようなもの、と申し上げたのはそのためです。

それにしても1ドル100円は突拍子もない数字に見えるかと思うので、別の角度から見てみたいと思います。

1ドル140円台や150円台ではさすがに円は安すぎると思われた方も多いのではないでしょうか。この「円は安すぎる」という感覚がどこからくるのか。耳慣れない言葉かもしれませんが、**「購買力平価」**のお話を少しさせてください。

**生島**　購買力平価とはどういうものですか？

**岩本**　購買力平価を端的に示すものに**「ビッグマック指数」**というのがあります。

**生島**　それ、聞いたことがあります。世界中に店舗展開をするマクドナルドのビッグマックが、それぞれの国でいくらで売られているかを比較した指標ですよね？

**岩本**　はい。ビッグマック指数は英国ロンドンで1843年に創刊され、今でもグローバルエリートを中心に世界200か国以上で読まれている老舗政治経済誌「エコノミスト」が発表しているものです。ビッグマック指数のほかにも、購買力平価ではスターバックスの**「トールラテ指数」**などもあります。

それぞれの国の通貨で同じものがいくらで買えるのか。為替レートは短期的には金利差や経済指標、要人の発言などに影響されるとしても、長期的には二国間のモノ・サービスの価格が均衡する水準に収束するはずと考えるのが購買力平価で、為替レートを決定する仮説の1つとされています。

日本で100円で売っている商品がアメリカでは1ドルで売られていて、為替レートが1ドル100円であれば、購買力平価が成立している状態となります。別の言い方をすれば、日本の100円と米国の1ドルは同じ購買力を持っている、というわけです。

**生島**　世界共通商品のビッグマックやトールラテの価格は世界中で同じになるはず。同じでないなら為替レートが歪んでいると考えるわけですね。

**岩本**　はい。日米ではビッグマックの大きさが違うのでは？　といったツッコミも入りそうですが、ここではあくまでも同じ品質、同じ大きさとします。

**生島**　で、最近のビッグマック指数はどうなっているんですか？

**岩本**　エコノミスト誌が２０２３年8月に公表したビッグマック指数を見ると、日本のビッグマックの値段は４５０円、アメリカは＄５・58です。ビッグマックは世界で同じ品質の商品のはずですから、日本の４５０円と＄５・58の価値は同じでないとおかしいですよね。ということで、４５０円÷＄５・58で計算すれば、ドル円為替レートの理論値を算出することができます。この場合、１ドル80・65円が購買力平価の均衡する為替レートとなります。

**生島**　えー!!　１ドル１００円を割れるほど、本来、円の力は強いんですか？？？

**岩本**　公表された際の実際の為替レートは1ドル１４２・08円でしたから、ビッグマック指数で換算すると、円は43・24％ドルに対して過小評価されている、ということになります。

実際、この点について、エコノミスト誌のコメントとして、「円が驚くほど安く、ドルに対して43％過小評価されていることを示している。日銀が金利を米国の金利に近づける必要性を感じるまで、この差は続く可能性が高い」と円の安さとともに、日銀のマイナス金利解除の可能性にも触れています。

さらに「その日は投資家が想定しているほど遠くないかもしれない。先月（2023年7月）、中央銀行は予想外に金融政策を調整した。そして日本ですらマクフレーション（ビッグマック価格の上昇率）の影響を受けないわけではない。ビッグマックの価格は半年前と比べて9・8％上昇している」と日本の物価上昇にも言及しています。

**生島**　それにしても1ドル80円というのはさすがに円高すぎると思うのですが。

**岩本**　例えば、80円は極端としてもこのような考え方はいかがでしょうか？　2024年1月、日本のビッグマックはこの2年で5回目の値上げとなりましたが、このまま日本の物価上昇も緩やかに続き、人手不足から人件費なども上昇すると、510円ぐらいまでの値上げがあるかもしれません。

一方、米国ですが急激なインフレも落ち着きを見せています。ビッグマックの値段も少し低下して＄5・0になったとしましょう。そうなると理論値は1ドル102円となります。コロナ感染症の拡大がスタートした頃の為替レートは102円前後でしたので、見覚えのあるレートかと思います。

たしかに1ドル80円を示されるとあまりにも唐突としても、長期的な為替レートの方向性を示すものとして、ビッグマック指数から換算される理論値も通貨の価値を考える1つの参考になるのではないでしょうか。

1ドル140円台や150円台という為替水準は、かなり円が過小評価されているのは間違いなく、米国の利下げ局面入りが明確になればなおのことですが、これ以上の円安と円高を天秤にかけるなら、そしてビッグマック指数に基づくなら、**1ドル100円以下は極端としても、円高方向への調整は視野に入ってくる、という見立てもできる**と考えています。

**生島**　なるほど！　勉強になるなぁ。

# 3章

日本政府の借金、１２００兆円を突破！

# 「国の借金は増えても大丈夫」「将来にツケを残す」実際はどうなの？

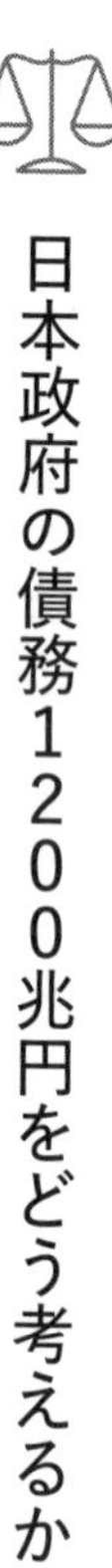

# 日本政府の債務１２００兆円をどう考えるか

## 債務が大きくても何ら問題ない……？

**生島**　ズバリ伺います。日本の国債発行残高１２００兆円！　日本は大丈夫なんですか？

**岩本**　財務省公表の２０２３年9月末時点での国債と借入金、政府短期証券の残高は１２７５兆６１１６億円となりました。

**生島**　財務省も「日本の債務残高はＧＤＰの2倍を超えており、主要先進国の中で最も高い水準」と言っていますね。

**岩本**　政府債務の返済に必要なのは税収と考えた場合、債務が多い・少ないはその税収を生み出す国の経済規模によって変わってきます。そこでＧＤＰに対して総額どれぐらいの借金を各国政府がしているのかを見れば、返済能力が確認できるという発想です。

政府の債務残高　÷　ＧＤＰ　×　１００

これで求められる政府の「債務残高対GDP比」は2023年4月時点で米国122・2%、フランス111・4%、イギリス106・2%、ドイツ67・2%。こうして見れば日本の258・2%は世界の主要国の中でワースト1位となってしまいますね。

**生島** やっぱり日本の財政は危ないということになるんですか?

**岩本** 政府債務をどう考えればよいのか、というのは国の内外で多くの議論があります。ちなみに、2022年のノーベル文学賞を受賞したフランスの小説家アニー・エルノーや人口統計学者・人類学者エマニュエル・トッドの翻訳をほぼ一手に引き受けている堀茂樹慶應義塾大学名誉教授によると、フランス国内の報道を見ても政府債務についての議論は様々あるとのこと。そこでよく登場するのが我が国で、**「日本の政府債務はワースト1位とされながらも、財政破綻するわけでもなく、債務が大きくても何ら問題ないではないか」と引き合いに出される**ことがもっぱらだそうです。

**生島** 債務が多くても大丈夫! の好例に日本が出されているわけだ。

**岩本** そのようですね。長らく経済成長が低迷し、先ほどの計算式では分子(債務)は増えても分母(国の経済規模)が微増にとどまる我が国と、債務も増えるが経済成長もし続け分母がどんどん大きくなっていく各国を比べれば、日本の債務比率が群を抜いて高くなってしまうのは当然でしょう。

ただ、こうした数値は変化しうるものでもあります。内閣府は２０２２年1月の「中長期の経済財政に関する試算」の中で、インフレが将来の政府債務残高（対ＧＤＰ比）に与える影響として、実質成長率が前年比＋２％弱程度、消費者物価が同２％程度で推移した場合、２０３１年には対ＧＤＰ比の債務残高は１６８・３％まで低下すると試算しています。主要国並みとは言えませんが、**現状のような物価上昇＝インフレと経済成長が継続するなら、将来的には債務比率は低下**していきます。

**生島**　インフレなどの状況しだいで、日本の債務比率はかなり変わってくるんですね。

**岩本**　はい、数値が変化する可能性を勘案せずに、ひたすら債務比率２００％超えは各国と比べてみても由々しき問題！と財政危機一辺倒の報道で止まってしまうと、国の財政状態の本当のところは見えづらくなってしまいます。

## 政府債務は減らしさえすればいいのか

**岩本**　それに、政府債務は削減さえすればよいのか？という問題もあるかと思います。

**生島**　どういうことですか？

**岩本**　一個人としては、借金はないに越したことはないのですが、政府の場合は、必ずしもそうとは言えないと思います。

**生島**　政府は借金があっても構わない？

**岩本**　はい。社会・経済情勢、供給能力も通貨制度も現代とはまったく違っていて単純比較ができないのは承知の上で、政府債務の数値が改善する一番端的な例として、あえて第二次世界大戦直後の日本を挙げてみます。

**生島**　終戦直後はたしか猛烈なインフレが起こったんですよね。

**岩本**　おっしゃる通りです。１９４５（昭和20）年８月の敗戦から、49（昭和24）年初めまでの数年間、激しいインフレとなりました。そもそも日本の消費者物価指数は、当時の激しいインフレを計測するために46（昭和21）年に作られたものでもあります。

**生島**　それくらいインフレだったということですね。

**岩本**　はい。図表３－１を見ていただくとおわかりのように、極度のインフレの結果、１９４４年（昭和19年度）に戦時補償債を除く政府債務総額は国民所得比２６６％だったものが、１９４６年（昭和21年度）には３分の１以下に減少しています。その後もインフレが続き、結果的に債務比率は10％台になっています。

（図表3-1）太平洋戦争後の日本の債務削減

| 年度末 | 政府債務総額（100万円） | 長期内国債残高（100万円） | 国民所得（100万円） | 卸売物価（20年＝100） | 実質債務残高（20年＝100） | 政府債務の国民所得比（%） |
|---|---|---|---|---|---|---|
| 昭和19年 | 151,952 | 106,745 | 56,937 | 22 | 339 | 266 |
| 昭和20年 | 199,454 | 139,924 | n.a. | 100 | 100 | n.a. |
| 昭和21年 | 265,342 | 172,237 | 360,855 | 202 | 65 | 73 |
| 昭和22年 | 360,628 | 208,541 | 968,031 | 725 | 24 | 37 |
| 昭和23年 | 524,409 | 279,553 | 1,961,611 | 1,648 | 15 | 26 |
| 昭和24年 | 637,286 | 290,758 | 2,737,253 | 1,902 | 17 | 23 |
| 昭和25年 | 554,008 | 240,767 | 3,381,500 | 2,801 | 10 | 16 |
| 昭和26年 | 645,463 | 260,608 | 4,434,600 | 2,952 | 10 | 14 |

出典：日本銀行金融研究所 金融研究 2000.6

**生島**　うわ〜、債務比率が一気に2ケタ台にまで下がっている！

**岩本**　そうなんです。急激な債務削減に極端なインフレは大変都合がよいわけです。ただし、当時の国民からすれば、政府債務は解消されても、ただでさえ物資が不足している中、インフレによって、闇市などで法外な値段で生活物資を入手するしかなかったので、まったく喜べない状況でした。しかもこの間、国民は高額の財産税を課税され、それが政府債務の償還（しょうかん）に充てられた経緯があります。また、戦時補償債は事実上打ち切られる（内国債のデフォルト）など、結局のところ、企業も含めて国民側が損害を被る（こうむ）ることになりました。

**生島** つまり、政府に貸したお金をチャラにされた、ということですね?

**岩本** 事実上、そういうことになりました。ですから、政府債務が削減しさえすればよい、ということではなく、やはり、一般国民の生活が最優先で、政府債務の縮小はその上での話、ということになるかと思います。

**生島** その通りですね!

**岩本** そもそも、日本のGDPの5割以上を占めるのは、家計の支出である個人消費です。その個人消費に配慮しつつ、経済成長を促しながら、何が何でも財政黒字化一辺倒ではなく、健全化は意識しながらも無理はしない、というのが定石ではないでしょうか。

## どこか変だよ? 日本の国債償還ルール

### 日本独自の「60年償還ルール」

**生島** 国内報道を見れば、とかく財政危機説一辺倒になりがちですが、例えば安倍元首相などの政府債務への考え方は、そうした危機説とは一線を画したものでしたよね。

**岩本** 2022年6月、安倍氏は京都市内で開催された自由民主党京都府支部連合会の講演で、政府の借金が１０００兆円を超えても「心配しないでほしい」と述べていました。
また、それに先立つ２０２２年5月の大分市内での会合では、日本独自ルールである国債の「60年償還ルール」についても触れていました。これは借換債（国債や地方債、社債などすでに発行されて市場に出回っている債券について、償還額の一部を借り換えるために新規発行する債券）も含めた国債は、全体として60年で償還し終えるというルールなのですが、「60年で（返済の）満期が来たら、返さないで借り換えて構わない」と、ここでも政府債務を過度に不安視しないように、としていました。

**生島**　60年償還ルールというのは具体的にはどういうものなのでしょう？

**岩本**　日本政府が国債を発行した場合、償還方法は次の通りとなります。
ある年度に６００億円の国債をすべて10年固定利付国債で発行したとします。10年（＝60年の1/6）後の満期到来時には、１００億円（＝６００億円の1/6）を現金で償還し、残りの５００億円は借換債を発行する。この借換債も10年固定利付国債で発行したとすれば、さらにその10年後には再び当初発行額６００億円の1/6である１００億円を現金償還し、残りの４００億円は再び借換債を発行する……これを繰り返し行っていくと、当初の発行から60年後には国債がすべて現金償還されることになります（図表３

(図表3-2) 国債の「60年償還ルール」

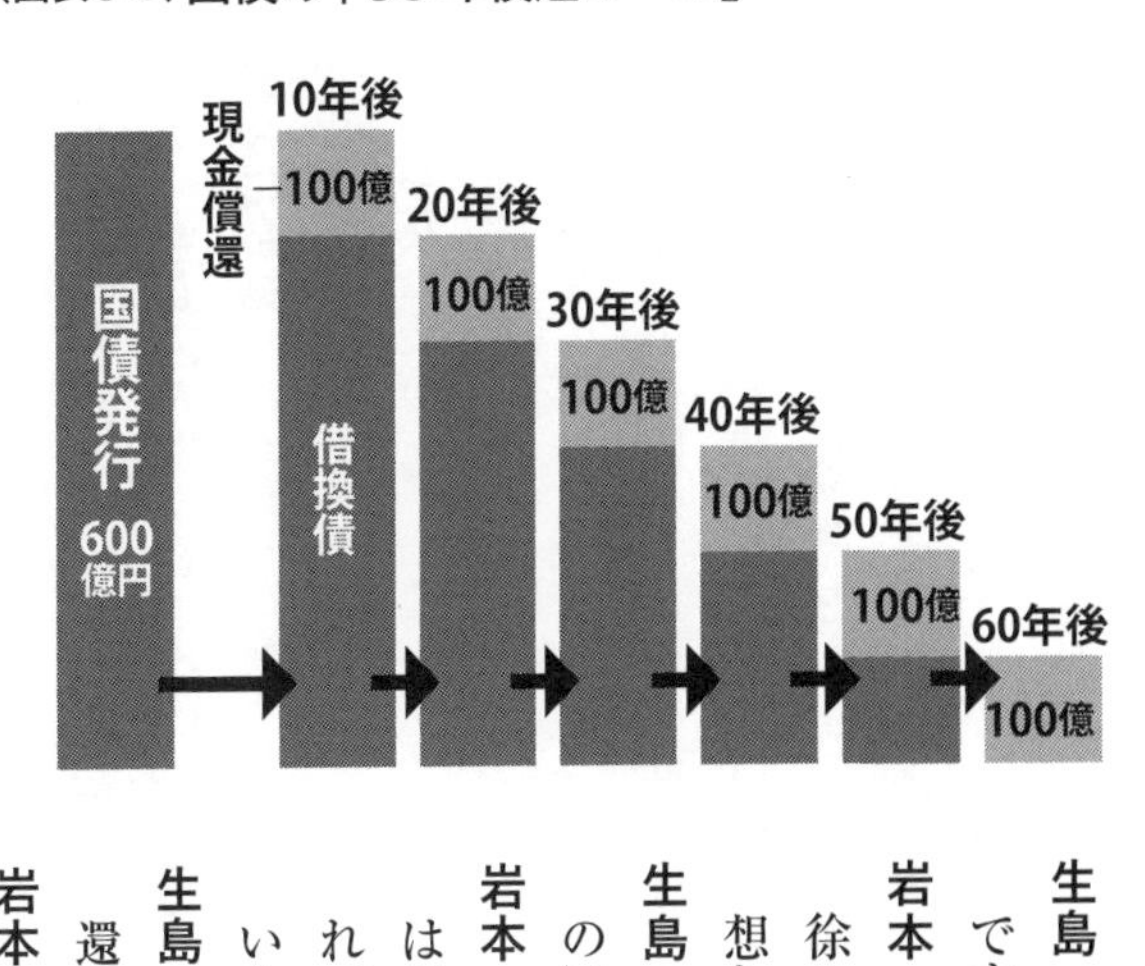


－2）。

**生島**　なるほど、60年かけて現金で返していくんですね。

**岩本**　端的に、60年から逆算して時間を区切り、徐々に少なくする減債をしながら償還させる発想となります。

**生島**　「60年償還ルール」は日本独特の慣習で他の国にはないんですか？

**岩本**　こうした国債の償還ルールを設けているのは日本のみで、他の主要各国は「財政黒字になれば償還（＝明示的なルールなし）」となっています。

**生島**　えっ、逆に言うと、財政黒字になるまで償還しなくていいということ？

**岩本**　人間の命は有限であるため、借りたお金は返さねばなりません。一方、国の命は永遠とは言わないまでも、少なくとも人間の寿命に比べればはるかに長いはずですから、期限を設けて借金を完済する必要もありません。そこで、**主要国の債務管理政策を見ると、財政が黒字化、つまり税収が増加した時など財政に余裕があるなら償還すればよい、というような非常に緩いルール**になっています。

**生島**　そんなに緩いんだ？

**岩本**　はい。償還に厳密な縛りはなく、完済の発想もないわけです。償還期限が来たら新たな国債で借り換えることは、日本でも海外でもごく普通に行われています。

コロナ禍での各国の大規模な財政出動が象徴的でしたが、政府に債務残高が積み上がっても、政府が借金をしたお金でいかに国民経済を下支えして回していくか、各国ともそうした考え方に立脚していると言えます。

**生島**　まずは国民の生活があっての国の財政！

**岩本**　そうです。ちなみに、一時流行ったＭＭＴ（現代貨幣理論）では、日本のように自国通貨（円）建てで国債を発行している限り、財政赤字が拡大してもデフォルト（債務不履行）することはない、という点がことさら強調されました。借り換えを含む国債の発行で国家財政を賄うという発想は、ＭＭＴが発端というわけではなく、ＭＭＴがあろうがなかろうが、それ以前から歴然と存在していた政府債務への考え方である、というのが各国の債務管理政策からもわかるかと思います。

**生島**　政府債務については借り換えできればＯＫ、というのがグローバルスタンダードだということですね。

## グローバルスタンダードで見れば日本の借金額はもっと少なくなる

**生島**　ただ、２０２４年度当初予算案でも、国債の返済費と利払費を合わせた国債費は過去最大だった23年度当初の25兆２５０３億円を上回る見通しといった報道がありました。借り換えに必要な金額もバカになりませんよ、と言われているような気がするんですが、これは大丈夫なんでしょうか？

**岩本**　ご指摘の点と絡んで、償還ルールがないことではもう1点、見逃せないポイントがあります。報道にあった国債費ですが、こちらは「債務償還費」と「利払費等」の２つから成り立っています。

60年償還ルールのもとでは、国債の発行残高の（約60分の1に相当する）１・６％を償還費として繰り入れることが法律で定められています。そこで図表3－3で示されているように、2023年度（令和5年度）予算案の内訳で国債費は約25兆3千億円、うち債務償還費に（国債残高約1千兆円の1・6%に相当する）約16兆8千億円が計上されています。しかしながら、**60年償還ルールがなければこの償還費を計上する必要はなくなります**よね。

**生島**　グローバルスタンダードに則れば、**国債費25兆2503億円のうち、債務償還費である16・8兆円は本来計上しなくてもいい**ものなんですね。つまり、借金の額が多く見積もられているわけですか！

**岩本**　はい。債務負担を大きく示したいといった財務省側の気持ちもわからなくもないのです。政治家の政治資金の問題などを見るにつけ、政治家に任せておいたら財政規律は緩みっぱなしになるんだろうと思います。そうした政治家を選ぶのは有権者ですから、国民に対しても、政治家に対しても危機感を持たせる意味で、必要以上の財政逼迫（ひっぱく）を強調する発信が長年、報道にもつながってきたと推察します。

**生島**　日本の財政については、国民が知らないことがあまりにも多すぎますね。

それにしても、国債という借金は、いつかは完済しなければならない。でも、返す原

## （図表3-3）2023年度（令和5年度）予算案の内訳

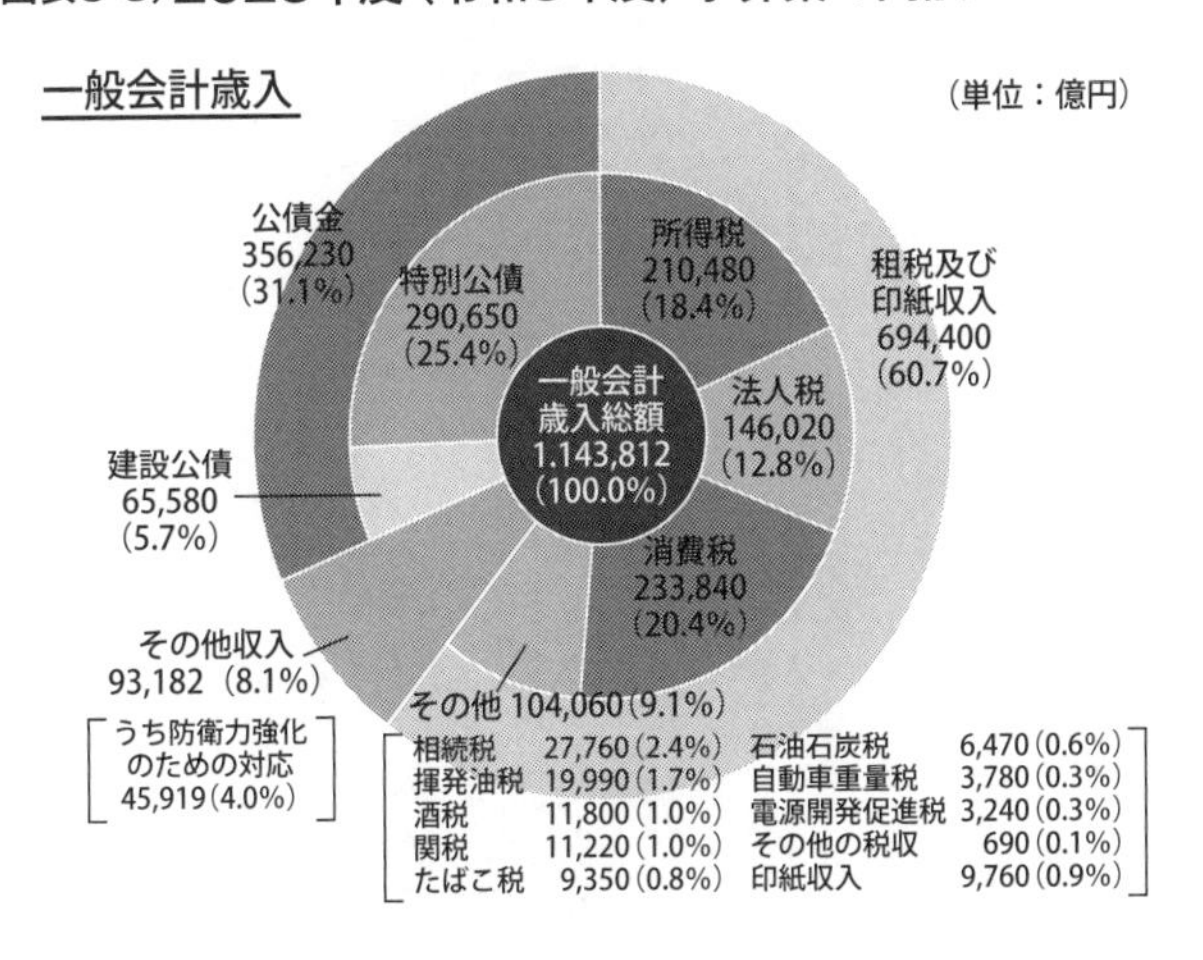


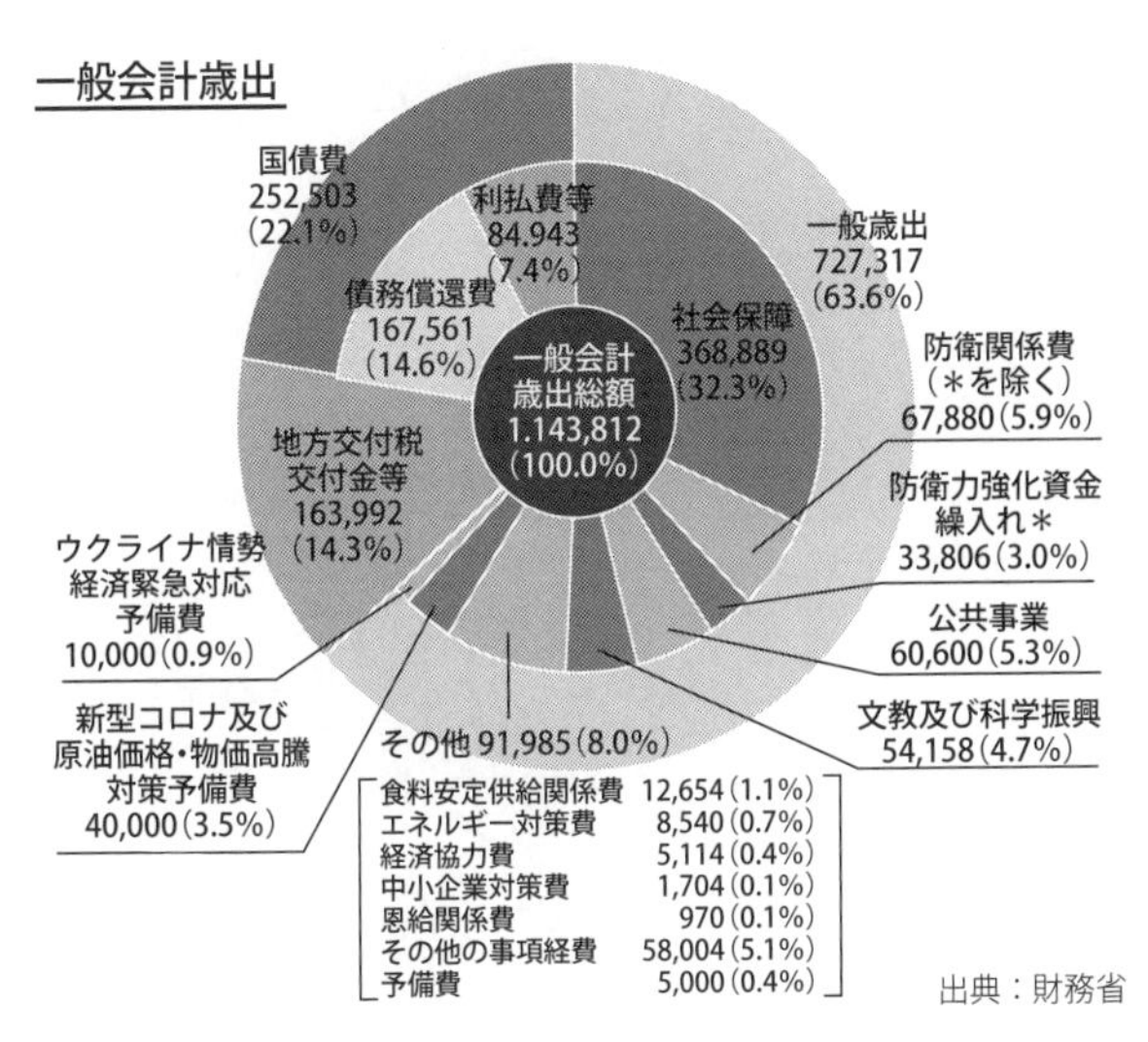


出典：財務省

資である税金が足りなければ、借金は膨らむ一方。そうなると将来にツケを残すから、増税もやむなし……というロジックで語られてきました。しかし、償還ルールがなくなって、ほぼ永遠に借り換えることが可能なら、増税にこだわる必要もなくなりますね。

**岩本** おっしゃる通りです。実際に実質賃金が20か月以上下がり続けているような状況では、やはり生活の苦しい国民は少なくないはずです。政治家による放漫財政は許すのに、江戸幕府が農民の生活を統制するために定めたとされる「慶安の御触書（おふれがき）」ではないですが、国民は「生かさず殺さず」、「ゴマの油と農民からは絞れば絞るほど出る」というような発想で増税や社会保障費の負担ありきとなってしまうのでは、あまりに不公平と国民が感じるのはむしろ当然ではないでしょうか。

## そもそも日本国債は安全なの？

**生島** 実際問題、日本の国債は、安定的に借り換えができるんですか？

**岩本** いつでも借り換えできる状態にありますので、安定していると言えますね。

各国の国債の信用リスクをはかる金融商品にＣＤＳ（クレジット・デフォルト・スワップ）があります。万が一の国債の債務不履行に備えて、保証料を支払って補償をしてもらうものです。欧州債務危機の時はギリシャのCDSが跳ね上がり随分とニュースになりました。数値が高ければ破綻の可能性が高く、低ければ安定していると言えます。

２０２４年2月25日現在、CDS（5年）はそれぞれ、スイス7・48、ドイツ12・50、英国30・17、米国36・02、イタリア71・24。では、日本はどのくらいだと思います？

**生島** ええっ、アメリカが36・02なら、日本は50くらいですか？

**岩本** 日本は22・14です。米英より日本国債への信用は厚く、したがって借り換えの環境も安定していると言えます。ちなみに、中国は62・19、インドは82・88です。

**生島** 日本国債は信用度が高いんですね。安心しました。

結局のところ、日本国債の発行残高１２００兆円はそんなに心配いらないということなのでしょうか？　自国建て通貨の国債はいくら発行しても破綻することはないから心配いらない、と言う専門家がいる一方で、将来に借金というツケを残すのは問題と警鐘を鳴らす専門家もいます。どっちの言うことが正しいんですかね？

**岩本** 両方とも一理あるというところではないでしょうか。GDP比２００％以上の債務比率の話を前提とするなら、日本は過去数十年ジャンジャン国債を発行してきたために債務比率がこれだけ膨らんだわけです。そのわりに経済はパッとしなかった。要は多くの人が満たされるようなお金の使い方をしてこなかった、ということになりますよね。国民生活よりもムダなところへと資金が流れたような経緯はなかったのでしょうか。

**生島**　そうだそうだ！

**岩本**　政府が国債で調達した資金は果たして有効に使われたのか、庶民の生活が向上したという実感がなければ、何のための政府の借金なのか。いったいそのお金はどこに消えてしまったのか。

そもそも出ていくお金（分配の仕方）と同様、政府に入ってくるお金（税制などのあり方）についても精査が必要なはずです。そうした分析はあまり表に出てこないまま、ジャンジャン使うべし！　あるいは、ひたすら財政危機！の二択で議論が留まってしまうと、より現実的な財政状況の透明化から遠ざかってしまい、本質的な状況改善への道筋も見つからなくなってしまうように思います。

先ほど、財務省側の気持ちもわからなくもないと申し上げました。国民受けがよいからといってどんどんお金をばらまくことだけに注力する政治家の手綱（たづな）を引き締めねば、との意向もこれまで働いてきたことでしょう。ただ、結果的に引いた手綱は一般庶民の生活を切り詰めるほうに強烈に作用し、本当に引き締めねばならないところは甘くなっている、ということはないでしょうか。そうしたアンバランスの解消も必要でしょう。

**生島** 国民の側も、もっと厳しくチェックしたほうがいい。

**岩本** そう思います。実際、入ってくるお金の内容や出ていくお金の使途を明確にする、というのは地味で気の遠くなるような作業なんですが、国民側もこの退屈な作業を気長にこなしていくしかないと思います。

## 政府の借金に注目するだけでは見落としてしまうこと

**岩本** あれこれ申してきましたが、かく言う私も外資系金融機関に就職した20代の頃は、借金がこんなにあったら大変！　と悲観していました。今から四半世紀も前の話で、政府債務が400兆円に届くか届かないかの頃でも、メディアも世論も悲観論ばかりでしたので。

当時、同じ外資系金融機関に勤務する先輩ディーラーに「日本の借金は大変で心配じゃないですか！」と言ったところ、**「日本の場合は『家庭内麻雀』。今はお父さんの負けが込んでるけど、貸し手はお母さんでしょ。政府の借金は国民の資産、何か問題でも？」**と即答され驚きました。

**生島**　「家庭内麻雀」ですか（笑）。

**岩本**　はい。国債の保有者別内訳（令和3年12月末速報値）を見ると、海外の保有率はわずか7・9%、残り92・1%は国内で消化しています。政府が借金をしても、日本国内の家計や金融機関などの貸し手がしっかり存在しているわけです。そして、政府にとっては借金でも、購入した側にとって国債はれっきとした資産です。

海外のトレーダーやディーラーの考え方としては、**日本の政府債務の裏側にはほぼ同額の国内の民間資産がある。日本の国債の残高が1200兆円超えというのは、言うなれば日本国民は生まれながらにして1200兆円超えの資産を持っているのに等しい、資産と負債、両面で見るべし**、というわけです。

財政出動が過ぎて景気が過熱気味になる、あるいは極端なインフレにつながるような国債の発行は問題で、対処すべきですが、そうでないならば問題はないとの考え方です。

**生島**　海外の見方は全然違うのですね。それに、政府債務はあるけれど、日本の家計の資産はそれ以上あるのでしたね！

**岩本**　今ご指摘された家計資産を踏まえて、海外の見方という点で、もう一人紹介すると、フランスの経済学者トマ・ピケティ教授も公的債務自体に問題があるわけではないとい

**（図表3-4）日本の公的債務と民間資産の推移**

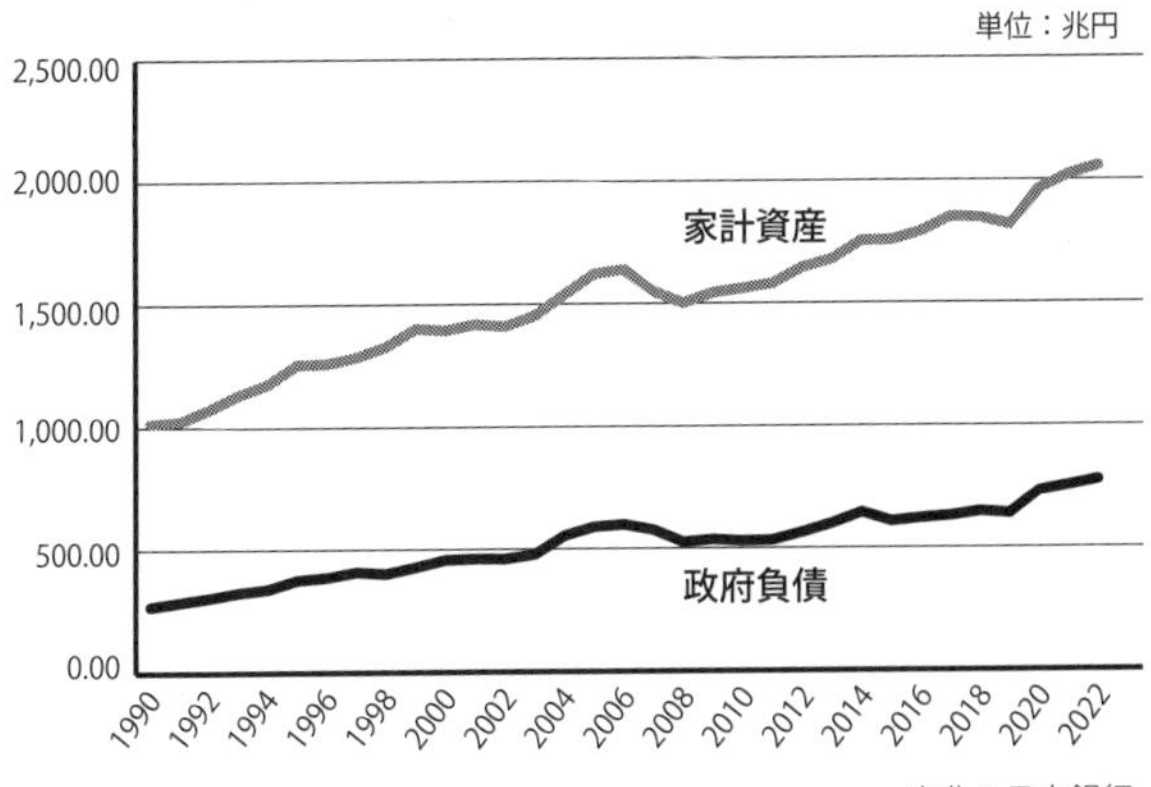


出典：日本銀行

う論調でした。

**生島**　『21世紀の資本』が世界各国で大ベストセラーとなった方ですね。たしか来日もしていましたよね。

**岩本**　実は来日の際のオープンな講演会が3回あったのですが、私はすべて参加して拝聴してきました（笑）。東大で開催された講演会では、東大関係者のご厚意で一言・二言、直接質問をしてお話もさせていただいて本当に光栄でした。

　来日された2015年当時、日本の政府債務は対GDP比約200％だったんですが、不安を訴える声に対して教授は、重要なのは公的債務と民間資産の伸び方の関係であって「公的債務というのは分配の問題で、それ自体が問題ではない」と言っていました。

日本の場合、民間の資産、つまり家計の不動産や金融資産がどう伸びたのか。公的債務を上回る伸び率ですから、政府の債務が増えても、国全体としては年を追うごとに豊かになっている、とおっしゃっていました。

**生島**　**政府の借金だけ見るのではなく、民間の資産がどうなっているかも、あわせて見る必要がある**ということですね（図表3－4）。

**岩本**　もちろん、ピケティ教授は国全体で豊かになっているからまったく問題ないというわけではなく、民間の資産の保有者の偏りについては問題提起もされていました。特に若い世代で、親などから相続できる資産がなく、持っているのが労働力だけなら、大変厳しい生活になってしまう点を挙げ、国全体として持っている富をどう分配するか、税制のリバランスの重要性にも触れていました。そこで日本の消費増税についても、異次元の金融緩和についても問題意識をお持ちで、一石を投じていた印象でした。

**生島**　ピケティさんは、どういうことを言っていたんですか？

**岩本**　消費増税は正しい方向ではない。紙幣を増刷しても増えたお金は、資産や不動産のバブルになるだけで、一般の人への恩恵にはならないのではないか。物価のインフレを起こしたいのであれば賃金を増やすべき、といった指摘をしていたのが印象的でした。

**生島** う〜ん、今にも通じる問題提起ですね。ただ、政府の借金が膨らむことで、国際的な信用度が低下したりするなど、日本経済への懸念はないのでしょうか?

**岩本** 前述のCDSが話題となった、10年以上前の欧州債務危機の際には、日本の政府債務を取り上げて、日本が「ギリシャと同じになっては大変!」、国際的な信認を失うといった言説が随分と飛び交いました。

国内に国債の買い手が十分いる日本と違って、ギリシャの場合は、その当時、発行した国債のうちギリシャ国内の購入は3割、7割は国外でした。対外純資産世界一の日本と海外からの借金に依存するギリシャとでは状況は真逆です。国内外を問わず、ギリシャへの信用が落ちれば誰も国債を買いません。そうなるとギリシャ国債の価格は下落、金利は上昇してしまいます。

**生島** 債券は信用度が落ちると価格は下落する。考え方として、高い金利を付けないと誰も買ってくれなくなるから、金利は上がるんですよね。

**岩本** そうですね。債務危機の際にはギリシャ国債10年物が一時40%を超えるようなこともありました(図表3-5)。高い金利はそれだけ危ない、低い金利はそれだけ安全で

（図表3-5）ギリシャと日米独の10年物国債利回り

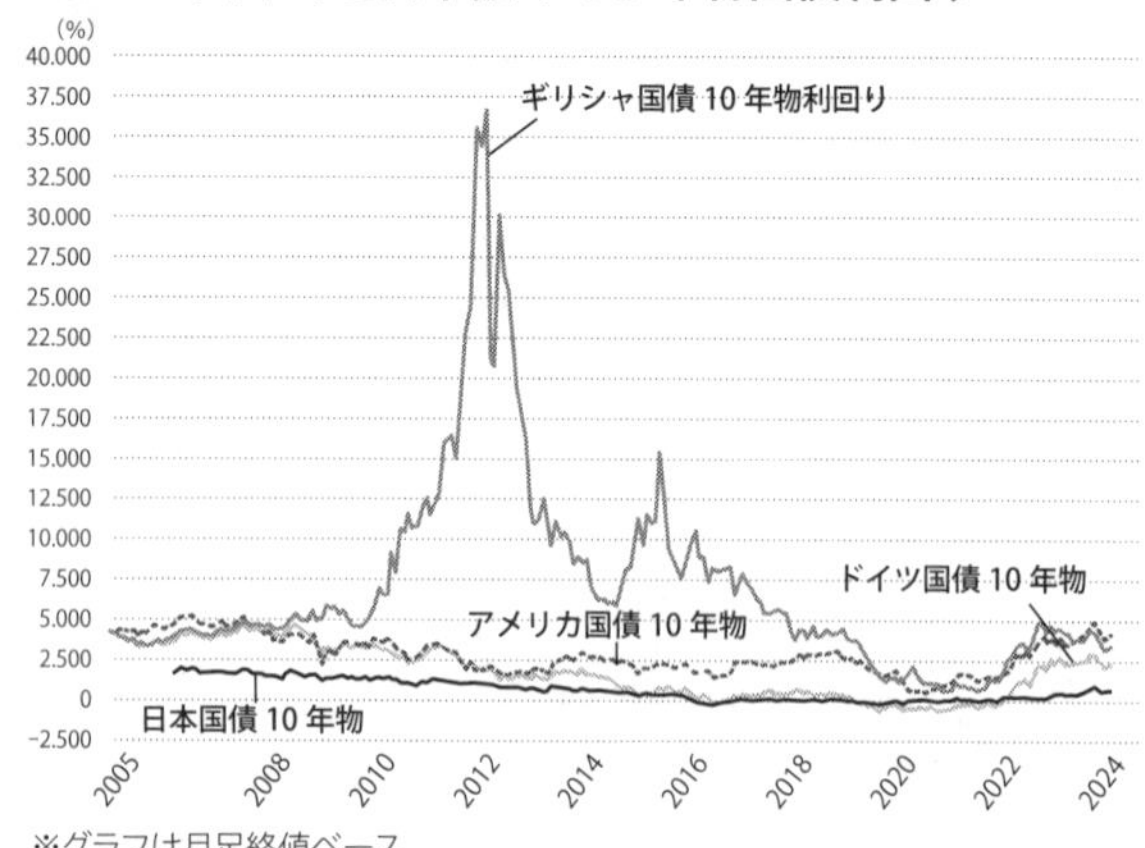


※グラフは月足終値ベース

出典：Trading View

あるという裏付けでもあります。

かつても、そして現在も、各国の長期金利が上昇するのに比べて、日本国債の金利はきわめて低位にあります。

実はこの何十年、日本の財政がこれだけ悪いのに、低金利なのはおかしい、早晩日本国債は暴落する！というシナリオを描いて、**海外のヘッジファンドは何度も日本国債の売りを数兆円単位で仕掛けていたんですよ。にもかかわらず、日本国債は微動だにしませんでした。**結局売りを仕掛けたファンドは大損をして撤収をしてきた経緯があります。

**生島**　そんなことが起こってたんですか！　でも、なんで日本国債は微動だにしなかったんですか？

**岩本**　日本国債が少しでも売られると（金利が上がると）、潤沢な資金を持つ国内の投資家がこれ幸いと大量購入してきたからです。つまり、国債の消化を国内で完結できるかどうか、本質的にお金を持っているかどうかが重要で、そこがギリシャと日本はまったく違うわけです。

**生島**　海外のファンドでも間違えるんですね！　ただ、政府の借金が膨らんでいるために、日本の信用度が落ちて、この数年は円安が進んだ、ということはありませんか？

**岩本**　もちろん、政府の借金が膨らむ一方で、日本の経済力がひたすら低下の一途を辿れば、長期的には円も売られることになるでしょう。ただ、**2022年からの急激なドル高円安は戦時下のドル高という特殊要因もあった**と考えます。

**生島**　戦争でドル高になるんですか？

**岩本**　戦争状態にあるのはウクライナとロシアですが、ウクライナ情勢を受けバイデン大統領は「安全保障への歴史上最大級の投資」として大規模な予算を議会に要求、実際に2023年度の米国防予算案は過去最大の8580億ドル（1ドル140円換算で約120兆円）となりました。

戦争となれば戦費は必至です。1章で見た通り、借金大国の米国は海外からの戦費調達に頼らざるを得ないわけです。つまり戦争なら戦費のために米国債を発行し、それを海外投資家が購入するため、為替市場ではドル買いが発生しやすくなる、という構図があります。

　これも先輩ディーラーから教えてもらったことですが、実際の開戦は戦争開始時ではなく、それ以前の準備段階から始まっており、部隊の移動開始が実質的な開戦のイメージとなります。

　実際にロシアがウクライナに地上侵攻したのは２０２２年２月24日ですが、米メディアがウクライナ国境でのロシア軍集結を、衛星写真などをもとに相次いで報道し始めたのは２０２１年末の頃からでした。

　それ以前、２０２１年10月からロシア部隊の移動は開始されていた模様で、**当時１００円台だったドル円為替レートが円安へと動き始めた時期とも重なります。**

**生島**　世界最大の資産保有国である日本から最大の支援資金が米国へと流れていった。

**岩本**　はい。そして、２０２３年は世界のほぼすべての国が国防予算増額の方向へと進みました。総額は推定となりますが2兆３０００億ドル（３２２兆円）と空前の規模になっています。

道徳的・倫理的にはともかく、経済的に見ると、かつては鉄鋼からITまでと言われましたが、今ではAIまでと、裾野が大変広いのが軍需産業の特徴でもあります。

**生島** 世界中からの空前の資金がいったいどこに流れるのかというと――。

**岩本** 世界の主要武器輸出国を見ると、米国が世界シェアのおよそ4割と突出しています。ドル高、米国株式が堅調な背景には戦時経済下にあるため、との理由も見え隠れします。

**生島** なるほど、そういう背景もあったのですね。

## 一般会計+特別会計で初めてわかる、日本財政の本当のところ

### 特別会計も合わせてみると違う景色が広がる

**生島** 先ほど、政府に入ってくるお金、出ていくお金についてきちんと分析・検証しなきゃという話がありました。それで思い出したのですが、小泉政権の時代、財務相を務めた「塩じい（塩川正十郎氏）」が「母屋（一般会計）ではおかゆ食って、辛抱しようとけちけち節約しておるのに、離れ座敷（特別会計）で子どもがすき焼き食っておる」と歳出改革に触れたことがありました。母屋である一般会計より離れである特別会計の

規模がはるかに大きく、しかも国会のチェックを受けないのはいかがなものかと批判していたわけですが、この一般会計と特別会計はどう理解すればよいのでしょうか?

**岩本** 塩川氏の指摘をきっかけに改革が進んできたのも間違いないのですが、一般会計と特別会計は本当にわかりにくいです。財務省が毎年公表している「特別会計ガイドブック」からわかる範囲でお伝えすると、まず国の財政規模の状況ですが、一般会計と特別会計を単純に合計した総額ベースで、国の財政規模は令和4年度当初予算では、歳入が578・1兆円(対前年度▲24・2兆円)、歳出が574・9兆円(対前年度▲25・4兆円)です。

**生島** 一般会計は110兆円程度ですから、特別会計と合わせると5倍以上になるんですか!?

**岩本** 総額ではそうなりますが、一般会計と特別会計で重複している金額もかなりありますので、そうした重複と国債の借換額を除いた純計ベースを見ると、令和4年度当初予算では歳入は271・5兆円、歳出は269・7兆円となっています(図表3-6)。

**生島** 一般会計の歳入では見当たらなかった、我々が払っている健康保険や国民年金などの保険料が、特別会計と合わせれば歳入の内訳として出てくるんですね。

## （図表3-6）一般会計と特別会計の主要な経費別歳入歳出純計額（令和4年度当初予算）

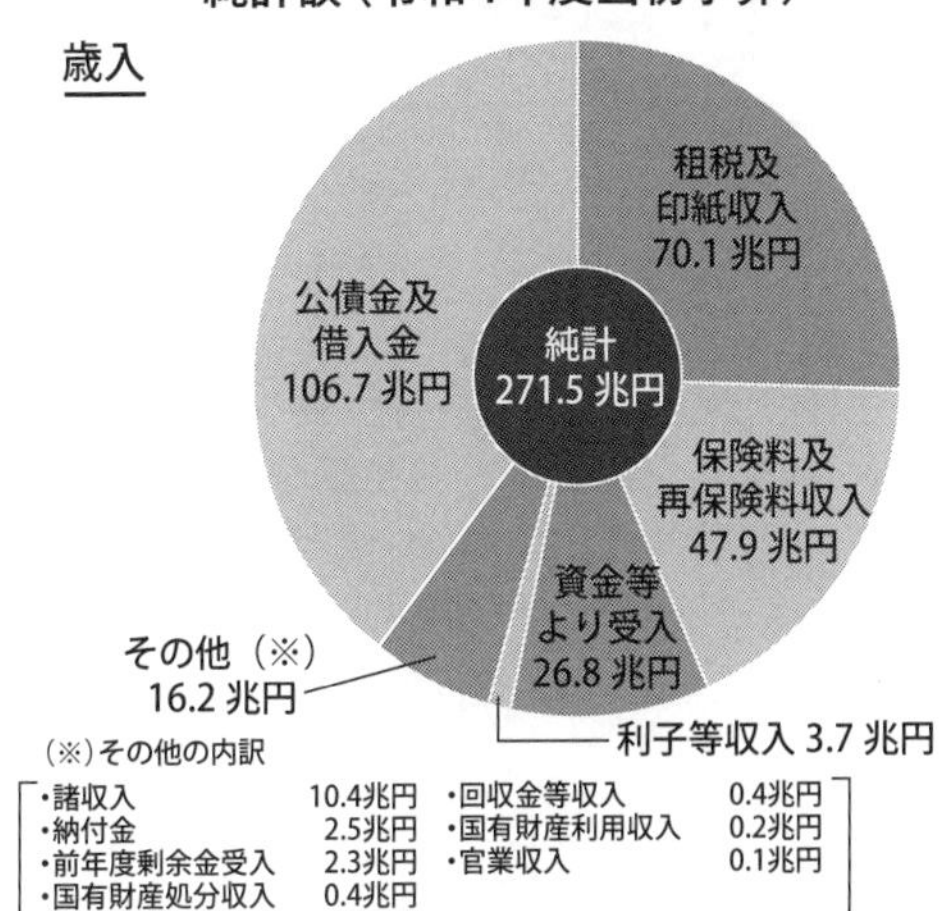


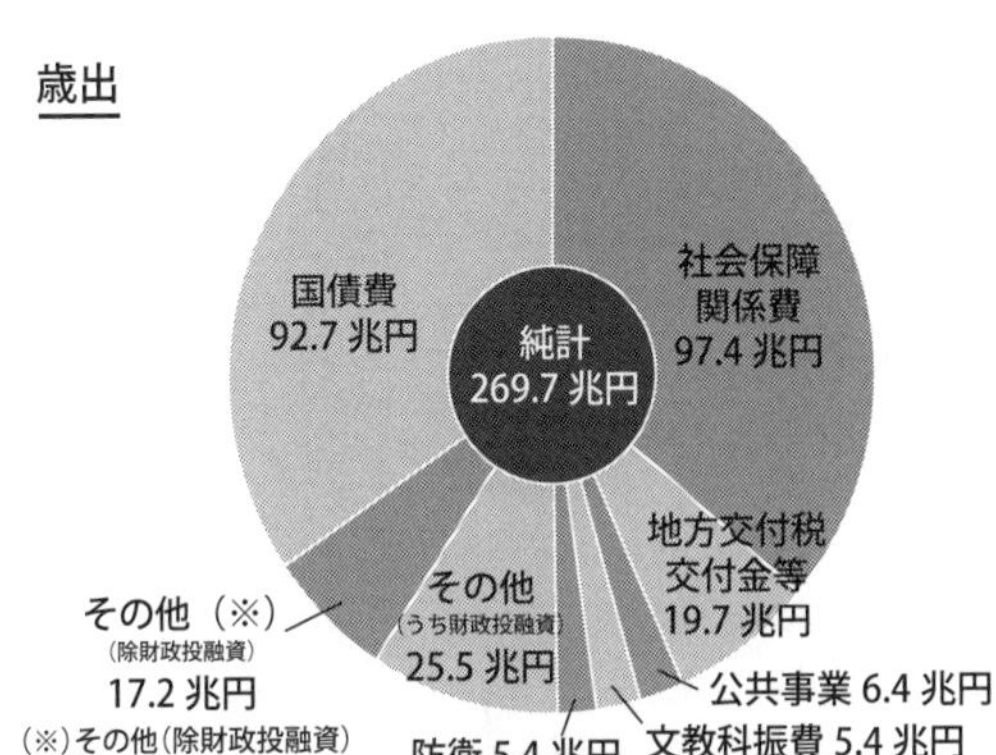


（※）その他（除財政投融資）の内訳

・その他の事項経費 7.0兆円
・新型コロナウィルス感染症対策予備費 5.0兆円
・食料安定供給関係費 1.9兆円
・予備費 1.2兆円
・エネルギー対策費 1.1兆円
・経済協力費 0.5兆円
・中小企業対策費 0.2兆円
・復興加速化福島再生予備費 0.2兆円
・恩給関係費 0.1兆円
・産業投資予備費 0.1兆円

出典：財務省

（図表3-7）一般政府総支出の国際比較（2020年）

| 年度末 | 日本（円） | アメリカ（ドル） | イギリス（ポンド） | ドイツ（ユーロ） | フランス（ユーロ） |
|---|---|---|---|---|---|
| 総収入（実績値） | 192.4兆 | 6兆7,856億（1018.5兆円） | 8,284億（156.4兆円） | 1兆5,669億（254.2兆円） | 1兆2,131億（196.8兆円） |
| 対名目GDP比 | 35.9% | 32.5% | 38.5% | 46.5% | 52.5% |
| 総支出（実績値） | 246.2兆 | 9兆9,844億（1498.7兆円） | 1兆1,028億（208.2兆円） | 1兆7,121億（277.8兆円） | 1兆4,186億（230.2兆円） |
| 対名目GDP比 | 46.0% | 47.8% | 51.3% | 50.8% | 61.4% |

（注）1　日本は年度、外国は暦年。
2　一般政府総支出には、債務償還費及び財政投融資に係る支出は含まれません。
3　諸外国は2020年実績。
※円換算は2024年2月26日午前8時5分のレートを使用

出典：財務省

**岩本**　受益と負担の関係が不明確になるのを避けるため、あるいは事業の成績計算のため、一般会計と特別会計にあえて分けているというのですが、ここはやはり、保険料収入と社会保障費のバランスを見るためにも内訳は知っておきたいですよね。

**生島**　歳入が271・5兆円ということですから、重複分を取り除いても一般会計よりも特別会計のほうがずいぶんと多いということがわかりますね。

**岩本**　はい。特別会計の整理を図るために立ち上げられた分科会でも、日本の特別会計に相当する諸外国の会計の規模は、「日本に比べるとはるかに小さいように見える」といった疑問が出ていました。

主要国との比較として右上のような資料（図表3-7）も毎年出てきます。「特別会計ガイドブック」の中で、OECDでは一般政府の総支出に「国債の債務償還費や財政投融資等に係る支出は含まれません」として、それらを取り除いたものでの国際比較をしています。

**生島** 図表3-7を見ても、**一般会計と特別会計を合わせた全体の数字では、日本の支出は主要国の中で全然突出していませんね。**

**岩本** 例えば国際比較をするのであれば各国の債務残高対GDPだけではなく、図表3-7のような比較も材料として出して考えるというのがより現実的ではないでしょうか。

**生島** では、現状、日本は借金まみれで大変！ なんて心配はしなくて大丈夫ですね？

**岩本** 2024年1月、OECD（経済協力開発機構）は2年に1度の対日経済審査の報告を公表したんですが、その際の記者会見では日本の政府債務への対応として、「結局3つの方法論――①歳出を抑える、②税率を引き上げて歳入を増やす、③強い経済成長で税収を増やし歳入を増やす――しかない」とし、その大前提には経済成長ありきとしていました。

極端な緊縮に偏る必要はありませんし、国民経済を犠牲にしてまでの増税や、すぐさま社会保障費の負担増をする必要はないと思います。

ただ、やはりその一方で、無駄遣いも禁物でしょう。というのも、支出がかさめば歳出だけがクローズアップされてしまうのが実情で、増税や負担増の絶好の理由とされてしまいますから。

繰り返しになりますが、資産と負債の両面で議論をすること、入ってくるお金と出ていくお金をしっかり透明化して、きちんとした使途であるのかなど、国民側も地道に財政をチェックし続ける作業が必要なのではないでしょうか。

**生島**　お上（かみ）まかせではいけない！

# 4章

主要国で断トツに上昇している国民負担率！

# 消費税は上がるばかりで、なぜ下げられないの？

# 重くなる税＋社会保険料の国民負担率

## 消費税は政府にとって「打ち出の小槌」？

**生島**　「日本は借金だらけで問題だ！」というのは、負債の面からだけ見たもので、資産と負債の両面から見れば、日本は世界一資産を保有している国になり、日本の経済状況は決して悲観的なばかりではない、ということがよくわかりました。

とするとですよ、よく「財政状況が厳しいから増税もやむを得ない」という流れで語られたりしますが、物価が上がって国民生活が大変なんですから、ここは思い切って「消費税の減税」をすべきだと思うんですね。消費税を下げれば、個人消費が上がって景気も上がると思うんですが、いかがでしょうか？

**岩本**　少子高齢化ですから、一人あたりの消費を維持する、あるいは増やすことを考えると、消費税を引き下げれば個人消費にはダイレクトに跳ね返ります。景気対策として一番手っ取り早いというのはおっしゃる通りだと思います。

**生島**　しかし、日本の政府・財務省は頑として消費税を下げることはしたがらないですよね。その理由は何なんでしょうか?

**岩本** 放漫財政を許さない、財政規律を国民に意識させるのには、消費税のアップが効果的というのがあるのかもしれません。

**生島** 消費税は福祉目的に充てられる税なので、少子高齢化で福祉にこれからますますお金がかかる日本では、下げることが難しいという意見を言う人もいるのですが?

**岩本** そういった側面はもちろんありますし、事実として社会福祉の基盤を下支えしている面もあります。ただ、お金に色はついておりませんので、どうしても必要というなら消費税の増税にこだわる必要はなく、法人税、所得税など他の税金の増税で、あるいは国債を発行して財源を賄うこともできますよね。

かつて消費税導入が決まった際に、自由民主党の政務調査会長や大蔵大臣も務めた渡辺美智雄氏が**「これで打ち出の小槌が手に入った!」とたいそう喜んでいた**そうです。当時記者として担当していた方から直接お聞きしました。税金を取る側としては、まさにこれが消費税の実感なのではないでしょうか。

**生島** なぬっ? 消費税は打ち出の小槌!?

**岩本** はい、言いえて妙ですよね。OECDの2年に一度の対日経済審査の報告について前章でも触れましたが、ＯＥＣＤは以前から日本の消費税率10％はＯＥＣＤ各国の平均の税率より低いことから、引き上げをせよとのスタンスです。

ただ、今回の公表の際の記者会見では、相変わらず消費税率の段階的な引き上げに触れてはいたものの、日本の対ＧＤＰの税収比率がＯＥＣＤ平均（２０２１年、日本33・1％、ＯＥＣＤ平均34・1％）とほぼ一緒であることを指摘。税率のさらなるアップを強調するよりも、「政府支出をもっと効率的に」、税の変更をするなら「経済成長ありきで」と繰り返していたのが印象的でした。

**生島**　そうですよ。経済成長がまず先ですよ！

**岩本**　日本のバブル崩壊直後はひたすら経済が縮小するような状態となり、そのあおりでその後の経済成長も低迷し、企業からも個人からも税収が思うように上がってこない時期が長く続きました。そのため、政府・財務省としては高齢化が加速する時期が重なったこともあり、社会保障費の増えるスピードを考えると、減税して税収を落とすようなことはしたくない、といった意向が強く働いてきたのだと思います。

**生島**　なるほど。

**岩本**　しかし、このところの税収は、当初予算と比較して２０２１年度は９・６兆円、２

**（図表4-1）租税及び印紙収入概算（一般会計当初予算）の税額と収入全体に占める比率**

| 年度末 | 租税及び印紙収入 | 消費税 | 所得税 | 法人税 |
|---|---|---|---|---|
| 令和5（2023）年度<br>※（　）は収入全体に占める比率 | 69.4兆円 | 23.4兆円（33.7%） | 21.0兆円（30.3%） | 14.6兆円（21.0%） |
| 平成25（2013）年度<br>※（　）は収入全体に占める比率 | 43.1兆円 | 10.6兆円（24.6%） | 13.9兆円（32.3%） | 8.7兆円（20.2%） |
| 2023年と2013年の比較 | | | | |
| 増加金額 | 26.3兆円 | 12.8兆円 | 7.2兆円 | 5.9兆円 |
| 増加率 | 61.0% | 120.8% | 51.8% | 67.8% |

出典：財務省

022年度は5・9兆円の上振れとなっています。世界的なインフレの流れと同様に、日本経済も過去30年とフェーズが変わり、マイルドな経済成長やインフレをともなっての税収増が期待できる段階になってきたととらえることもできると思います。そういった発想の転換があるとよいのですが。

**生島**　それなのに、この間ずっと、ひたすら増税や社会保障費の引き上げ一辺倒で、庶民の負担が増えるばかりです。

**岩本**　そうですね。令和5（2023）年度の租税及び印紙収入概算（一般会計当初予算）の合計は69・4兆円で、その8割を所得税、法人税、消費税が占めています。

なかでも消費税の23・4兆円は33・7％

と最も割合が大きいです。

遡ること10年前、消費税が5％だった平成25（2013）年度の当初予算は43・1兆円で、当時もやはり消費税・所得税・法人税で収入の8割を占めていましたが、消費税収は10・6兆円で比率としては24・6％でした（図表4－1）。

**生島**　この10年間で、消費税の税収はそんなに増えていたんですか。

**岩本**　はい。10年で税収全体では26・3兆円増え、1・6倍となりました。この間、日本の経済規模も拡大しましたので、税収もその分大きくなるというのはわかるのですが、それぞれの税収が同じような増加率で増えているならまだしも、内訳を見ると**所得税収は1・5倍、法人税収は1・7倍なのに、消費税収だけが2・2倍に伸びています。**

この10年で消費税収の増加が大きく、つまるところ庶民の負担が大きくなった証左といえるのではないでしょうか。

## 国民負担率が同じように高い北欧などとの決定的違い

**生島**　庶民にばかり負担が行くのはおかしい！　それに消費税の負担もそうですが、ボクもよく知っている第一生命経済研究所の主席エコノミストの永濱利廣（ながはまとしひろ）さん曰く、この10

(図表4-2)国民負担率の国際比較

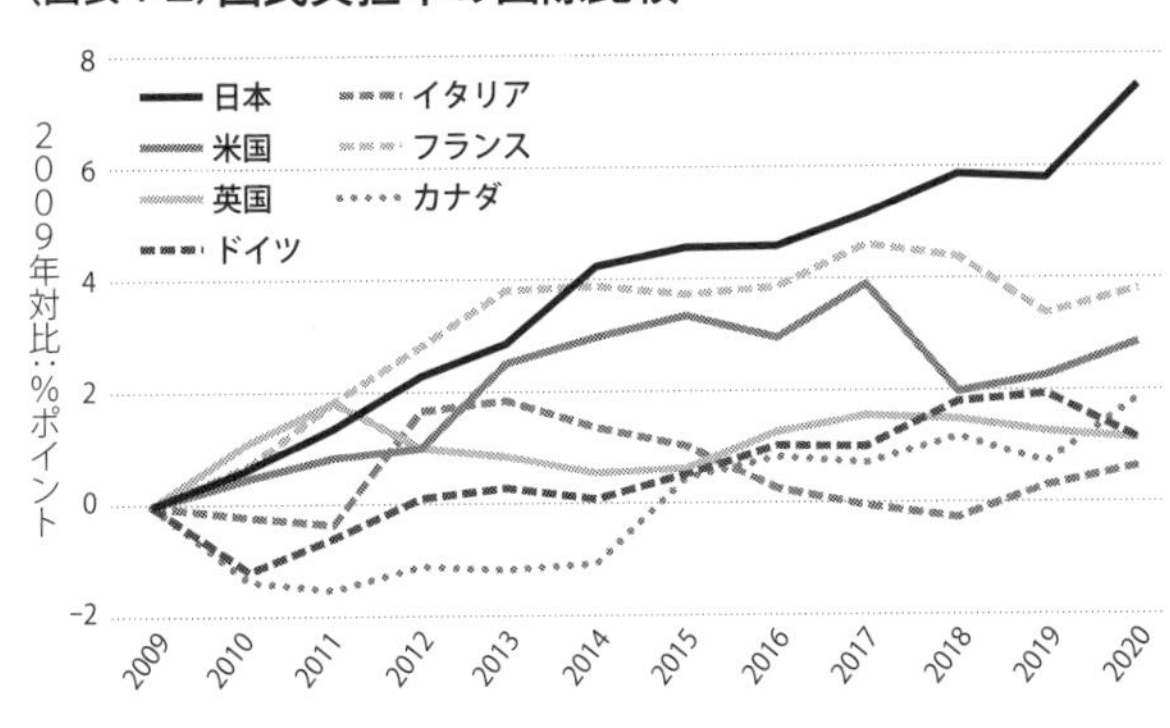


出典:永濱 利廣「潜在成長率を押し下げる国民負担率上昇」第一生命経済研究所

年ぐらいの日本の国民負担率って実は非常に高くなっている、つまり庶民生活を圧迫するようになっているんですって?

**岩本** 国民負担率というのは国民所得に対しての税や社会保障負担の割合で、公的負担の重さを示すものですが、1章で触れた通り、日本はこのところ国民負担率が上昇してきたために可処分所得が減少する傾向が見受けられます。

そうなると消費支出が削減される、貯蓄の減少ももたらすと永濱さんはご懸念を示されてられますよね。

貯蓄率の低下は、潜在成長率(中期的に持続可能とされる経済活動の規模、国の経済の基礎体力を示す)の低下につながること、そして重要な視点として**「2010年以降の国民負担率**

（図表4-3）国民負担率の変化

| 年度 | 国民負担率（%） | 10 年単位の変化 |
|---|---|---|
| 1973 | 27.4 | |
| 1983 | 33.1 | 5.7 |
| 1993 | 36.3 | 3.2 |
| 2003 | 34.1 | −2.2 |
| 2013 | 40.1 | 6 |
| 2023* | 46.8 | 6.7 |

＊ 2023 年度は見通し

出典：財務省

**の上昇幅をＧ７諸国で比較すると、日本が断トツで上昇している」**というご指摘をされておられます（図表４－２）。

**生島**　これを見ると日本の負担率が急上昇しているのが一目瞭然ですね。

**岩本**　そうですね。ここで長めの国民負担率の推移を見てみたいと思います（図表４－３）。

　国民負担率の変化を見てみると２００３年度から２０２３年度にかけての20年間は34・１％から46・８％へと12・７ポイント上昇。それ以前の１９８３年度から２００３年度にかけての20年間の上昇は33・１％から34・１％へと１・０ポイントとほとんど変化がありませんでした。

**生島**　やっぱり、この10～20年、国民の負担が

（図表4-4）日本の国民負担率の推移

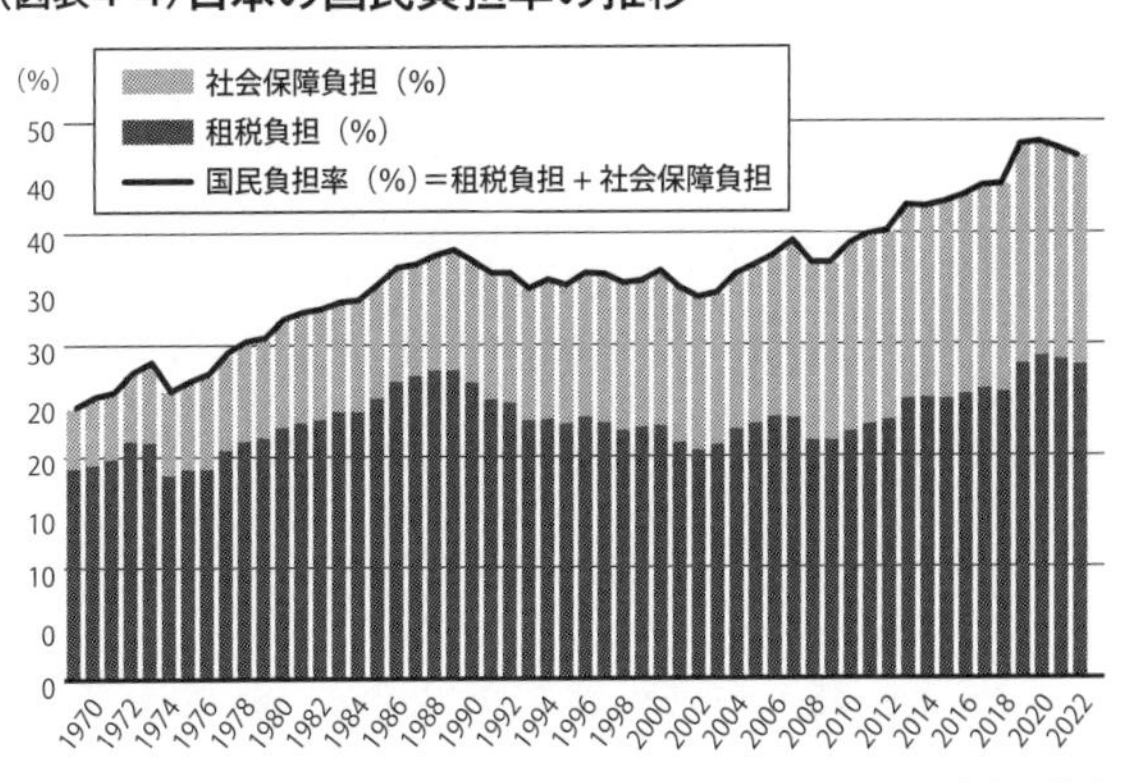


出典：財務省

大きくなっている、ということですね。

**岩本**　はい。10年単位で見ても、負担率の上昇の勢いは止まっていないわけで、こうなると負担増で生活が苦しくなったというのが多くの日本人の実感ではないでしょうか。

国際比較をした場合、これまで日本の国民負担率は各国と比べると低いとされてきました。しかしこのところの負担率のアップによって、2020年（日本は2020年度）の数字では、日本47・9%、米国32・3%、英国46・0%、ドイツ54・0%、スウェーデン54・5%、フランス69・9%。国民負担率が高いとされてきた欧州と日本との差は縮まってきています。

**生島**　日本の国民負担率は高負担・高福祉とい

われる北欧やフランスに近づいていますね。でも、高負担率の北欧などの国民が、そんなに生活に汲々（きゅうきゅう）とした印象を受けないのはなぜなんですかね？

**岩本**　平成21年度年次経済財政報告を見ると、社会保障の1つである年金の制度に関して、北欧諸国は信頼感が高いのですが、フランスやドイツでは信頼感は実は低くて、ドイツでは「信頼している」と答えたのは全体の4分の1、「信頼していない」と答えた人は全体の7割を超えているとのこと。

フランスやドイツにしても、日本にしても、実際に自分が負担した分を行政サービス等でしっかり受け取っているという実感があるかないかの違いではないでしょうか。

日本の場合は少子高齢化社会ですので、現役世代の負担が大きくなった分は、高齢者などの社会福祉に回されている比率がどうしても高くなりますよね。今の現役世代もやがては高齢者になるわけで、将来的には社会福祉システムの恩恵を受けるはずなんですが、いかんせん、それを受け取るのは数十年先です。

ただでさえ、個人のライフサイクルの中で負担が大きい時期と実際にサービスを享受する時期に時間的なギャップがかなりあるのが現状です。そんな中で、財政危機だの、年金制度が破綻するなど言われ続ければ、何のために負担に耐えているのかわからない

**（図表4-5）総収入における各種税金・社会保障費の割合**

（%）

| | 日本 | OECD平均 | 最小 | 最大 |
|---|---|---|---|---|
| 消費課税 | 20.7 | 32.1 | 16.6 | 53.1 |
| 所得税 | 18.4 | 24.1 | 6.4 | 52.2 |
| 社会保障費 | **40.1** | **26.6** | 0 | 48.6 |
| 法人税 | 12.7 | 9 | 2.7 | 23. 6 |
| 固定資産税 | 7.8 | 5.7 | 0.6 | 15.1 |

出典：OECD

と不満や不安が出てくるのも当然かと思います。

高負担を強いるのであれば、大丈夫ですよと安心させるのが本来政治や行政の役割だと思うのですが、危機感をあおる声のほうが大きいので、国民は実際に負担が重くのしかかっているのはもちろん、気持ちまでも後向きになるのではないでしょうか。

**生島**　不安をあおるのは本当によろしくない。

**岩本**　ＯＥＣＤの対日経済審査報告書では日本の財源における社会保険料の占める比率が40・1％とＯＥＣＤ平均を大きく上回っている点も取り上げています。

先に、日本の政府債務への対応として結局のところ、①歳出を抑える、②税率を引き上げて歳入を増やす、③強い経済成長で税収を増やし歳入を増やす、の3つの方法論しかないとし、いずれも大前提に経済成長ありき、としていたとご紹介しました。

3つの方法論のコンビネーションが重要となるわけですが、このところ国民への負担が急に大きくなっているのですから、③の経済成長に軸足を少しシフトすれば、自然な税収増で国民側の負担も軽減できます。何がなんでも①②ではなく、バランスを勘案した柔軟な財政政策も、日本経済のフェーズが変化してきたからこそ必要ではないかと思います。

**生島** そうだ、そうだ！ 政府はもっと国民生活ファーストで考えてほしいですね。

## 消費税、日本の常識は世界の非常識⁉

### 消費税・付加価値税、世界ではどうなっている？

**生島** そもそも消費税は、所得が低い人ほど負担が大きくなる不公平税制でもありますよね？ 生活にかかる基本的なコストは、高所得者でも低所得者でもそう大きくは変わらないですから。

**岩本** ご指摘の「逆進性」については、消費税の引き上げがなされる際に、毎回、問題視されます。収入全体で見た場合に、高所得者のほうが消費に回す割合が低く、低所得者は高くなります。そのため負担率を考えると消費税の場合は低所得者のほうが高くなってしまうというものです。

課税の原則は応能負担（経済的能力に応じて負担額が決まる）ですから、所得の高い方にはより高い負担率で、そうでない方は低率となる「累進課税」となるべきところが、消費税では逆になっている、というわけです。

**生島**　そもそも消費税は世界では当たり前の税金なんでしょうか？

**岩本**　日本では消費税と呼ばれていますが、海外では付加価値税（VAT＝Value Added Tax）という名称が一般的となります。国家として付加価値税を考案、最初に導入したのはフランスで１９５４年のことになります。ＥＵ（欧州連合）では付加価値税を加盟国の共通税制としていて、標準15％の最低ＶＡＴ率を設定しています。

**生島**　フランスで始まったんですね。

**岩本**　はい。先述の堀先生のご紹介で人口統計学者・人類学者のエマニュエル・トッド氏にお会いした時に、消費税・付加価値税のお話をしましたところ**「フランスの最悪の輸出品」**とおっしゃっていました（笑）。また、トマ・ピケティ教授とは**消費税・付加価値税は関税の側面もかなり強い**ですよね、というお話にもなりました。

**生島**　というと？

**岩本**　欧州は複数の国が隣接していますから、1つの国が税率を上げると他の国も競争するかのように税率の引き上げに踏み切ります。というのも消費税・付加価値税は関税として機能するために、増税すれば輸入品にかかる税金も上昇します。仮に同じような経済状態の国々が隣接する地域で、A国は消費税・付加価値税率10％で、他の域内20数か国がすべて消費税・付加価値税率20％だったとしましょう。その20数か国の輸出企業は消費税・付加価値税が10％のA国に集中して輸出をしてくるはずです。

関税は国内産業の保護が目的です。隣接している国が多く、消費税・付加価値税を採用していると、国内産業保護のためには他国と同じような関税水準を維持せざるを得なくなってしまうわけです。なお、国内産業も消費税・付加価値税引き上げで打撃を受けるではないかと思われるかと思います。その点は国内産業に対しては補助金を出して保護をしながら、輸入品に対しては関税を高く維持するというわけです。

**生島**　たしかに、カナダでもアメリカでも州によって税金が安いところがありますから、安い税率の州へと買い物をしに行く、というのはよく聞いたことがあります。ニューヨークなどの大都市の州税は高い。

**岩本**　ご指摘の米国の州税、間接税なので消費税・付加価値税かと思われるかもしれませんが、実は**小売売上税といって、日本の消費税や欧州の付加価値税とはまったく違うタイプの税制**なんです。

**生島**　えっ、アメリカの州税は消費税（付加価値税）ではないということですか？

**岩本**　はい。**米国は連邦国家としては消費税・付加価値税を採用していない**んですよ。

**生島**　どういうことでしょう？

**岩本**　消費税や付加価値税の場合は、生産者から卸（おろし）へ、卸から小売へ、小売から消費者へという取引のすべての段階で自分が受け取った消費税・付加価値税を（事業者の場合、自分が支払った消費税・付加価値税を相殺した上で）納税する「多段階」の制度です。対して、米国の州税は小売りの段階でのみ発生するもので、消費者から受け取った州税をそのまま納税する「単段階」の制度となります。

**生島**　小売りの段階でのみ、というのはシンプルでわかりやすいですね。米国が消費税・付加価値税を採用しないのはどうしてなんですか？

**岩本**　米国もこれまで消費税・付加価値税を採用しようという議論は何度もあったんです。ただ、そのたびに却下されてきたというのが歴史的な経緯です。

直近でいえば、2017年に前回のトランプ政権が発足した直後にも付加価値税の導入をという声が共和党内から挙がったんですが、当のトランプ氏は大統領に着任する以前から否定的でした。

米国内でもかなり紛糾したのですが、最終的にはトランプ氏は自分の政権が続く間は付加価値税に関して、議論の俎上(そじょう)にすら載せないとホワイトハウス声明を出し、導入は却下となりました。かつて小泉元首相が消費税について「私の任期中には、引き上げない」と述べたのと似ていますね。

## アメリカが連邦政府として消費税・付加価値税を採用していない理由

**生島** トランプ氏はなぜ消費税(付加価値税)に反対なのですか?

**岩本** 米国は原則として、自由貿易や市場原理を重視するスタンスです。端的に、関税や補助金など国内産業保護で下駄を履かせた上での競争は不公平、自由な市場で製品やサービスそのものの良し悪しで各国とも競争すべき、という考え方です。

トランプ政権の文書でも閣僚の発言でも、level the playing field という表現をよく使っていました。playing field はサッカーやテニスなどの「グラウンド」のことです。

動詞levelは「段差をなくす、平らにする」という意味です。つまり、競争する場や条件を平等・公平にするという意味合いになります。トランプ氏は特に、各国の関税の存在が米国の貿易赤字の原因でもあるとの発想でしたので、関税効果を発揮する付加価値税導入には自身の信条としても受け入れ難いというのもあったのでしょう。

**生島** しかしですよ、トランプ大統領はとんでもない関税を対中国にかけましたよね？

**岩本** はい。彼らの基本は関税などないほうがよいとの発想ですから、自国製品に優遇措置を施している貿易相手国はけしからん、というわけです。特に中国は補助金を含め度が過ぎる。是正を促しても言うことを聞かない。ならば、苦肉の策ではあるが「目には目を」のスタンスで高関税を強いたという状況でした。

ところで、付加価値税導入の話が盛り上がった時に、米国の事業者団体からは米国内の消費を低迷させるからと大反対の声が挙がったんです。その最たるものが全米自動車ディーラー協会で、中でもトヨタのディーラーさんたちは猛反対していたんですよ。

**生島** へぇ〜。日本では経団連が自ら消費税引き上げを求めたりして、逆ですね！

**岩本** 先ほどのご質問の回答として、米国が消費税・付加価値税の導入を反対する最もわかりやすい理由ですが、私自身はレーガン元大統領の回答に尽きると思っています。

**生島**　何と言ってたんですか？

**岩本**　せっかくなので、1985年当時レーガン大統領が記者会見で消費税・付加価値税を導入する気はあるのかとの質問に対しての回答をそのまま引用しますね。

the other thing with that tax is, it's hidden in the price of a product and that tax can quietly be increased and all the people know is that the price went up and they don't know whether the price went up because somebody got a raise or whether the company wanted to increase profits, or whether it was government. And I just am not enthused about it. I think I've said before, taxes should hurt in the sense that people should be able to see them and know what they're paying.

（この税金のもう一つの面は、それが製品価格の内に隠されているということだ。この税金は平然と増額され得るが、その場合に人々が知るのは製品価格が上昇したということだけで、誰かが値上げを決めたから値上がりしたのか、会社が利益を増やそうとしたのか、それとも政府の施策で価格が上昇したのか、そういうことは知ることができない。

そんなあり方を、私は歓迎しない。前にも言ったと思うが、税金は、人々がそれを見て、自分がいくら払っているのかを知ることができるという意味で、痛みをともなうものであるべきだ)

**生島**　消費税は価格に埋没しやすい税金ということなんですね。

**岩本**　消費税増税となった時には毎回、きちんと消費税分を事業者が上乗せできていないという価格転嫁の問題が必ず出てきますよね。売り上げが下がらないように定価を据え置いたりして、転嫁できなければ消費税分は事業者が飲むわけですが、そうした税金部分がうやむやになってしまうということが起こり得る、価格に埋もれやすい税金と言えるかと思います。

## 諸外国は臨機応変に消費税を下げている!?

**生島**　なるほど。で、消費税は日本では引き上げの話ばかりですが、引き下げはできないものなのですかね？

**岩本**　例えばコロナ禍の際、**イギリスやドイツなどは、感染症対策の影響を受けやすい外**

### 食や宿泊業などの特定業種を中心に、一時的に消費税・付加価値税を下げていました。

ちなみに、英国のスナク首相は当時財務相だったのですが、外食産業への付加価値税減税が実施されても外食の値段はその分下がらないこともあり得るとして、理解を求めていました。これは先ほどの価格に埋もれてしまうという話とも関連しますが、付加価値税率を下げたからといってその分メニューの価格を引き下げるかどうかは、個別の事業者しだいだからです。

**生島**　付加価値税が加算されることで、売り上げを落とさないよう、価格が高くなりすぎないようにコストを切り詰めてきた事業者もいるわけでしょうからね。一方、減税となれば、今まで税金分を飲んでいた事業者にとっては解消されることになりますね。

**岩本**　キレイに区別できる税金ではないので、実際のビジネスではそうなりますよね。それを「益税（減税分が懐に入っている）」だとレストランの事業主にクレームをつけたくなるかもしれないが、外食産業はコロナ禍で疲弊しているので、たとえ減税分が実際の価格に跳ね返っていなくてもそこは察してほしいという言い回しをスナク氏はしていました。コロナ禍での付加価値税減税は消費刺激策ではなく、町中の外食産業など中規模以下の事業主の事業支援、負担軽減の側面が強かったわけです。

**生島**　自国の小規模事業者を含めて、国民生活をちゃんと見ている！

**岩本**　ほかにも、**カナダは導入した1991年は7％でしたが、5％まで引き下げをし、生鮮食品などは軽減税率で0％が適用されています。経済状況に応じて引き上げ、引き下げをするのはむしろ当然**ではないでしょうか。

**生島**　実際に消費税率を引き下げたことのある国もあるんですね。やっぱり経済状況に応じて、日本も柔軟に対応してほしいですよね。

そもそも、「消費税を思い切って減税することで、日本経済が復活する」という専門家もいて、ボクはその意見に大賛成なんです。

**岩本**　１９８９年以前、日本には消費税はなかったわけですから、一度引き下げをしてみて、どれほど国内消費が活性化するか、税収が落ちるのか実際に検証してみたらよいのに、と思います。

国内消費が拡大し、その結果企業収益も上がるとなれば企業も賃上げがしやすいですよね。いきなり消費税廃止や大幅減税というのは政府としても抵抗があるでしょうから、例えば試しに消費税を８％に戻してみるのはどうでしょう。

消費税の税収額そのものが多少落ち込んだとしても、消費が上がってくれれば税収減は限定的となります。売り上げアップで所得税や法人税などの税収が上がれば、税収全体としては消費税10％の時とさほど見劣りしなかった、ということもあり得るのではないでしょうか。

**生島**　日本のＧＤＰの５割以上を個人消費が占めているのですから、個人消費が上がれば経済も上向く、という意見にボクは乗りたいな〜。

# 5章

「100年安心」の年金制度の本当のところ

# 年金はこの先も大丈夫なの？
# 老後資金はどう確保するべき？

# 日本の年金制度はいつまで安全か

## 公的年金はこれから先も安心してもらえる？

**生島**　日本の財政も、資産と財務の両面から見ていくと、それほど心配するものではない。また、今のところ〝打ち出の小槌〟の消費税もあるから、財源も資産もある。となると、多くの国民の心配事である「年金」は、これから先も安心してもらえると考えていいんですよね？

**岩本**　２００４年に年金財政が破綻しないよう、「１００年安心」のキャッチフレーズのもと大改革が実施されました。これは公的年金だけで誰もが１００歳まで安心して暮らせる、という意味ではなく、**公的資金が１００年破綻しない仕組みづくりがなされた**というものです。

**生島**　「１００年安心」というのは、年金制度が１００年持つように設計しなおしました、という意味なんですね。

**岩本**　はい。少子高齢化が進めば保険料収入が減りますので、そうした収入を超えないように支出である年金支出額も減らして制度を維持する、というのが「100年安心」のための基本的な考え方となります。

ということで、ご質問の回答としては、公的年金制度は破綻しない制度設計がされています。ただし、それで給付が十分かどうかは、個々人の資産状況などによって一概に言えない、ということになります。

**生島**　会社員か自営業者かによって、年金額が違ったりしますね。

**岩本**　そもそも論として、個人個人で目指す老後の生活水準も違いますし、誰もが公的年金だけで理想とする老後の生活を営めるかどうかと考えることに無理があります。ですので、よほど資産に恵まれた人でなければ、公的年金＋アルファとして個人として準備しておく必要はあると思います。

**生島**　どうやって準備をするのがいいのでしょうか？

**岩本**　年金制度の基礎をなすのは1層目の公的年金となります（図表5－1）。国による年金制度として国民年金・厚生年金があり、老齢年金・障害年金・遺族年金の給付が受けられます。

2層目に企業年金があり、退職金の給付などがこれにあたります。

（図表5-1）年金制度は3層でとらえる

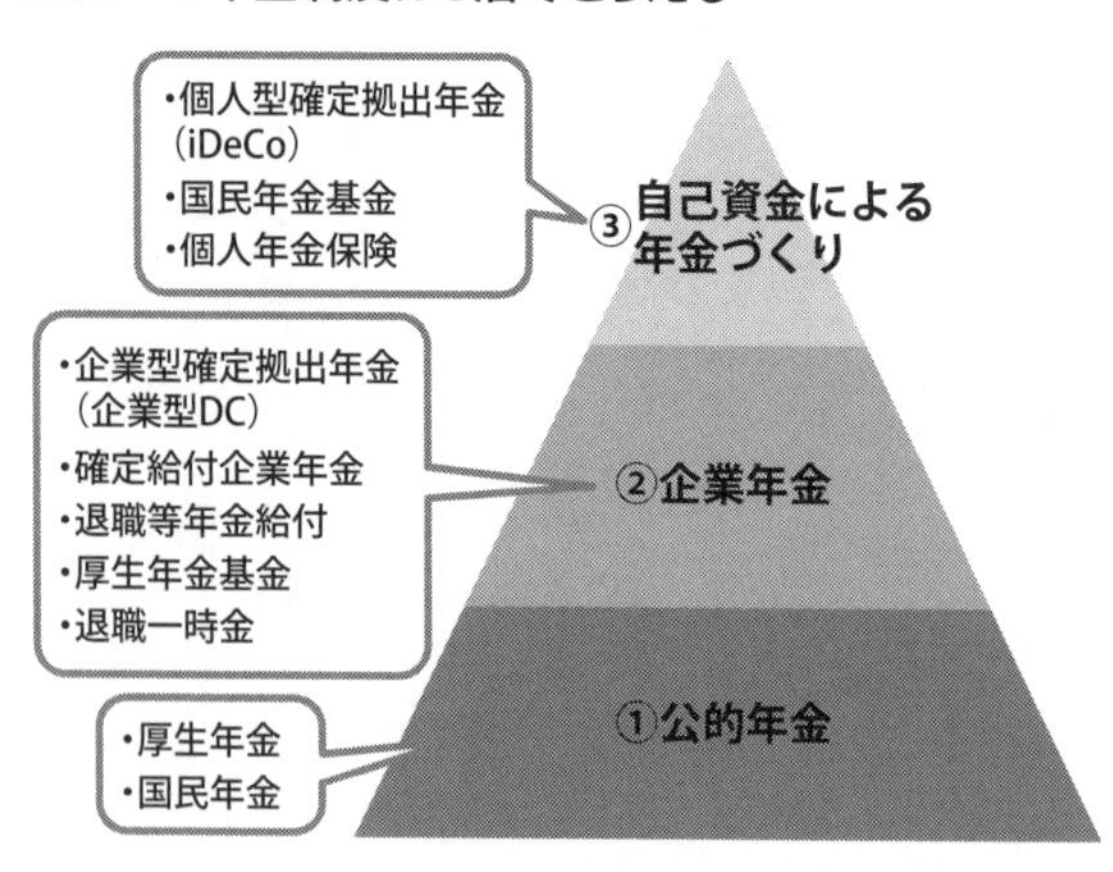


3層目に自分で用意する個人年金がありま す。すでに契約されている方も多いかと思い ますが「個人年金保険」のほかに、ｉＤｅＣ ｏがあります。例えば私のような自営業の場 合は、国民年金への依存度が高くなりますが、 国民年金の給付のみで不足する分については、投資や貯蓄などを含め資産形成をしてお く必要があります。私の場合は節税効果も踏 まえてｉＤｅＣｏを利用しているんですが、 若い世代の方でこれから年金をという場合に はインフレへの対応も踏まえるとｉＤｅＣｏ は一案と思います。

**生島**　**年金制度は公的・企業・個人の3層になっている**わけですね。

**岩本**　厚生労働省による令和5年度の「公的年

金のモデル年金」の支給額を見ると、夫婦二人（夫が会社員、妻が専業主婦）は月額22万4482円となっています。日本人の平均寿命がだいたい85歳ですので、65歳から85歳の20年間の支給となった場合、二人で受け取る総額は5388万円となります。

これに退職金や企業年金が人によって0円から2000万円程度まで追加されますので、まず公的年金と退職金・企業年金を合わせて受け取る年金の総額を把握しておくことが重要かと思います。

それでは不十分という方は、不足分を自分で資産形成をするという二段構えで考える、というわけです。

**生島**　将来の年金受取額については、毎年誕生月に送られてくる「ねんきん定期便」や、「ねんきんネット」「公的年金シミュレーター」で確認できますね。

**岩本**　はい。まずはご自身が将来受け取れる年金額を確認することが不安解消にもつながるのではないでしょうか。

一方で、必要に迫られて資産運用をされる方もいるかと思います。その場合には「いつまでにどれぐらい増やしたいのか」という、「期間」「金額」のおよその目安を資産運用シミュレーションなどのサイトで確認してみるのはいかがでしょう。

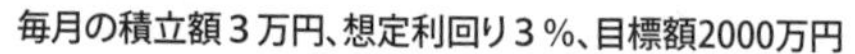


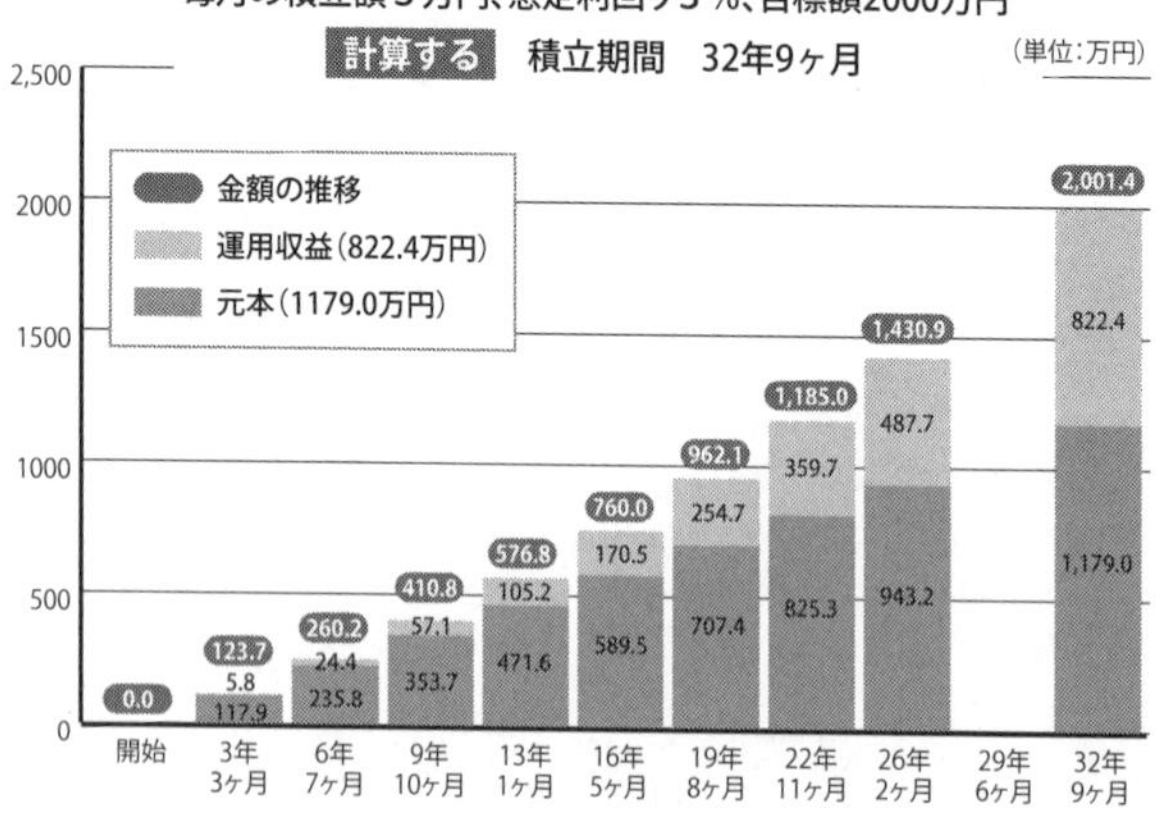

出典：金融庁

**生島**　便利になりましたね。数字を入れるだけで簡単に計算結果が出てくる！

**岩本**　仮に65歳以降に２０００万円が必要なら、毎月の積立金額３万円、想定利回り３％で金額達成まで33年弱。もちろんシミュレーション通りのキレイな右肩上がりが保証されているわけではありません。

**生島**　時間をかけて、無理なく投資するということですね。

**岩本**　個人の資産形成は投資や貯蓄になるのに対して、公的年金の考え方は保険です。加入をして保険料を払っていれば社会全体で保証をしてくれる制度です。

　日本の年金制度は現役世代の保険料を高齢者の年金に充てる賦課方式が基本ではあ

りますが、**国民年金は国庫が負担している＝税金を投入している部分があり、国庫負担の2分の1は恒久化**されています。つまり**国民年金の半分は税金が投入**されています。

それに公的年金は、生涯にわたって受け取れる、賃金や物価に応じて金額が調整され経済変化にも対応してくれる、障害を負った・家計の担い手を失ったといった場合にも支給される仕組みですから、うまく活用しない手はないと思います。

## 繰り下げ受給するなら知っておきたい「12年の法則」

**生島**　年金制度をうまく活用するということでは、受給開始の年齢を遅くすれば遅くするほど、月々の受給額（実際にはふた月まとめて受給）が増えますね。

**岩本**　令和4年4月の改正で、年金の受給開始年齢の繰り下げは75歳までとなりました。ひと月受給開始を遅らせると（繰り下げると）年金の月額では0・7％、1年間では8・4％、10年で84％の増額率となります。

**生島**　最大で1・84倍！　繰り下げられるなら、繰り下げたほうがいいですね。

**岩本**　ちなみに、繰り上げた場合は月額で0・4％減額されるので、1年間では4・8％、最大60歳まで繰り上げた場合は、65歳からもらえた額の24％減ということになります。

なお、年金繰り上げ受給の減額率は令和4年4月から0・4％になりましたが、それまでは0・5％でしたので、日本の年金に体力があるという1つの証拠にもなるのではないでしょうか。

**生島**　減額の割合を抑えたんですから、余裕はあるんですね。とはいえ、減らされた金額が一生続いちゃうんだから、繰り上げはあまり得じゃない気がしますね。人それぞれの考え方なんでしょうけれども。

**岩本**　そうですね。年金額180万円（月額15万円）の方が10年間繰り下げすれば、1・84倍ですから、75歳からの年金額は331・2万円（月額27・6万円）となります。ちなみに、60歳に繰り上げると136・8万円になります。

**生島**　年間136・8万円というと、月に換算すると約11万円か。生活費としてはちょっと厳しいですね。

**岩本**　そうですね。繰り上げのデメリットとして受取額が減るほかにもう1点、繰り上げした場合には将来、障害基礎年金が受給できないことを挙げておきたいと思います。老齢基礎年金と障害基礎年金の併給はできません。みなさん障害というと、ご自分には関係ないと考えがちですが、外部障害のほか、精神障害や内部障害（体の内部に障害があること）でも障害年金の対象になることは多いです。高齢になってからの疾患の可能性を考えれば、そしてもともとの受給額が低い人であればなおさら繰り上げは慎重にされたほうがよいと思います。というのも老齢基礎年金は、60歳までに国民年金保険料を納付した期間に応じて受給できる金額が決まりますが、障害基礎年金は受給要件さえ満たせば、老齢基礎年金の満額と同じ金額が受給できるためです。また、老齢年金は所得税の課税対象となるのに対して、障害年金は非課税です。

**生島**　そういった繰り上げによるデメリットもあわせて考えると、人それぞれ事情があるとはいえ、繰り下げられるなら、繰り下げたほうがいいですね。

**岩本**　そうですね。それから長生きをしないと繰り下げの恩恵を受けにくいという話を耳にされるかと思います。75歳まで繰り下げをしても、例えば77歳で亡くなってしまったら、65歳から受け取っていた場合よりも、受け取る総額が少なくなります。

**生島**　ざっくりと計算すると、額面上では**繰り下げで受給した年から12年以上長生きすると、65歳から受け取った時よりも総額で多くなりますね（図表5－3）**。

12年ということは、70歳で受給したら82歳以上、75歳で受給したら87歳以上生きたら、繰り下げたほうが得ということですね。

## (図表5-3)受給開始年齢別の年金受給総額の推移

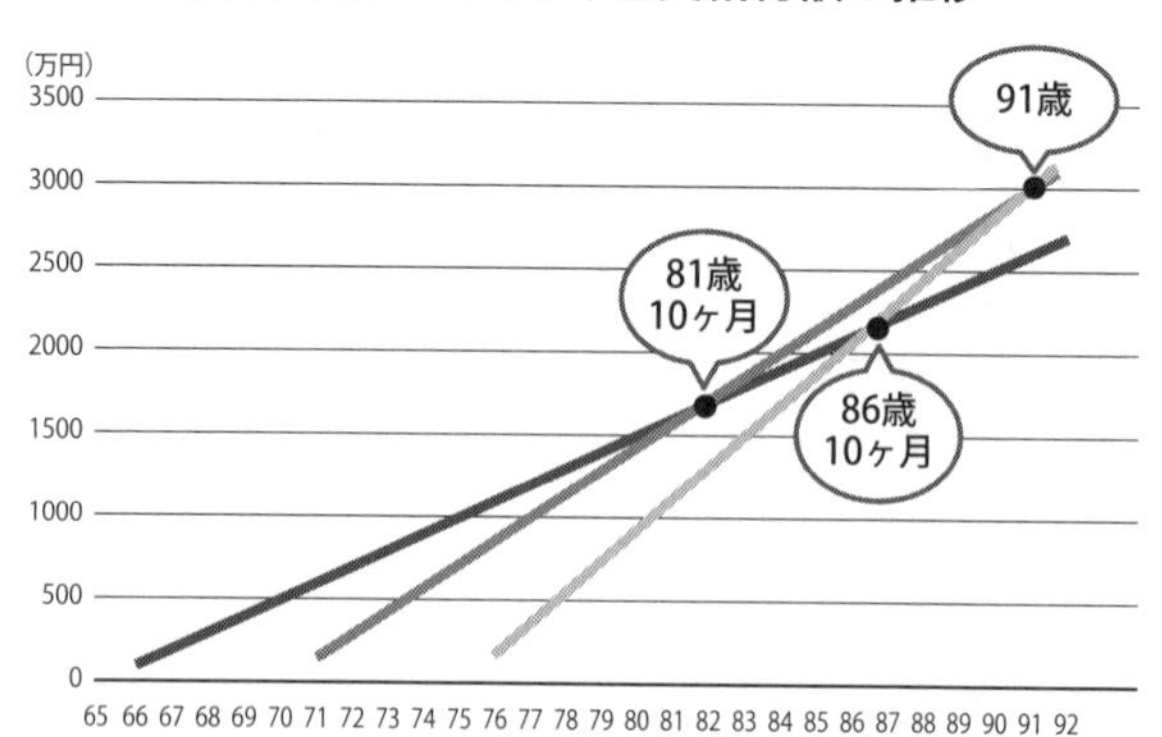


※65歳から繰り下げずに受給した年金額を「年額100万円」として計算

65歳受給開始　70歳受給開始　75歳受給開始

**岩本**　厳密には、繰り下げ受給で年金額が増えると所得税や住民税、社会保険料の納付額が増えることもあるので、きっちり12年とは言えないのですが、目安にはなりそうですね。その上で、総額でどちらが得かとか、自分の支払った保険料の元を取ることとかに必死になるよりも、高齢になった際により安定した生活が日々送れるのかどうかを重視すべきでしょう。

**生島**　その通りですね。ところで、繰り下げのデメリットってあるんでしょうか?

**岩本**　先にも述べたように、受給額が増えると税金や社会保険料が増えることもあります。また、繰り下げして年金が増額されても、遺族が受け取れる遺族年金は加算されません。これを損したと受け止める方もいらっしゃるかもしれませんが、墓場までお金を持っていけるわけではないので、損すると嘆くよりも健康で長生きすることに注力したほうがよいと思います。

**生島**　そうですよね。働けるうちは働いて、いよいよ働くのが難しくなってきたら年金をもらう、という意識でいたほうが、健康でいられそうです。

## 意外！アメリカの年金制度と比べてみると

**生島**　アメリカ在住のボクの友人は、現役時代、年収の高い軍事関係の仕事に就いていたこともあり、リタイア後の現在、50万〜60万円の年金が貰えているようなんです。日本は現役時代にどんなに稼いでも、そんな額はまず貰えない。アメリカの年金財源や制度が日本と違うのでしょうか？

**岩本**　年金制度が非常によく整った一部の優良企業や公的機関などに長く勤めた方の中には、ご友人のような高い年金が出る方もおられます。米国の場合は連邦政府が管理する基礎年金部分相当の社会保障年金（ＯＡＳＤＩ：Old-Age, Survivors, and Disability Insurance）と、各企業が管理する企業年金・公務員年金・個人年金（組み合わせも含む）の2階構成で成り立っているとされています。

公的年金の受給者平均月額は、退職前の平均賃金の4割程度が目安とされていて、米国の場合もまた公的部分だけで老後を送るのは難しいでしょう。

**生島**　たしかにその程度ならば、アメリカでも公的年金だけでは生活が厳しそうですね。

**岩本**　米国社会保障庁公表の年次報告によると、社会保障年金（ＯＡＳＤＩ）の積立金は２０３３年までは予定支給額の１００％が支払われますが、以降は基金が枯渇するため予定の８割程の支給へ、障害年金は予測期間内（２０９７年）まで１００％支給されるとのことです。

**生島**　日本のような少子高齢化が起こっていないアメリカでも、年金財源は厳しくなっているんだ。

**岩本**　日本の年金まわりの問題としては「無年金者」があります。「令和4年度　後期高齢者医療制度被保険者実態調査」によると、65歳以上の無年金者は全国に50万人。年齢分布としては75歳から79歳の層が最も多く約16万人、次いで80歳から84歳の層で、約12万人となっています。

日本では生活保護のハードルが高く受給できないことが挙げられます。この点についてアメリカでは、65歳になれば、収入・資産の要件を満たすだけで月額基準額８００ドルのＳＳＩ（日本の生活保護に相当する公的扶助）を受給できるなど、弱肉強食で社会福祉が充実していない印象があるアメリカですが、日本よりも社会的弱者が使いやすい制度設計がされているようです。

**生島** へぇ～、アメリカの意外な一面ですね。

## 年金以外に知っておきたい、老後を豊かにする裏ワザ

### 「法人化」でサラリーマンも節税できる？

**生島** 老後生活を豊かにすることにもつながるんですが、年金の繰り下げとともに、ボクがお勧めしたいのは「法人成り（法人化）」です。

**岩本** それは、会社員の方がいったん個人事業主として事業を始め、その次のステップとして法人化する、ということですか？

**生島** そうです。会社員の人たちはまずやっていないんですけど、節税効果が高い！

**岩本** 具体的にどんなやり方なんでしょうか？

**生島**　これは実際にボクの知人がやっているんですが、彼は不動産をいくつか所有していて、人に貸したり、売ったり買ったりもしているんです。その際に、個人ではなく、奥さんを社長にして法人として行っているんです。

**岩本**　どういうメリットがあるのでしょうか？

**生島**　最近、税理士の先生から直接レクチャーを受けたので、その請け売りなんですが、いくつかメリットがあるうち、一番大きいのは「損失を繰り越せる」ことですね。副業だったり、不動産を売買したりして損失が出ても、青色申告をしているなら、翌年（翌事業年度）から10年間繰り越せるんです。

例えば、１年目に１００万円の損失が出て、２年目に50万円の利益が出たとしたら、相殺できる。さらに2年目で相殺しきれなかった分は、３年目の利益で相殺して……と、これを10年間できる（小規模企業者を含む中小企業の場合の原則）。

**岩本**　個人だったら、最大3年までしかできないですよね。

**生島**　そうなんです。株式投資で出た損失の場合も、個人は青色申告でも3年ですが、法人は原則10年だそうです。

あと、もう一つのメリットは、法人の事業に関連するものであるなら、経費で落とせるようになること。事業に関係する活動と見なされれば、自動車の購入・維持も、外食も、盆暮れの贈答も、場合によっては、自宅の家賃の一部も経費で落とせたりする。

**岩本**　事業に関わる出費と見なされれば、ということですね。

**生島**　はい。もしダンナさんが会社員で、奥さんを社長にしていたら、ダンナさんが勤める会社が仮に副業禁止だったとしても、咎められることはまずない。

あと、利益が出たとしても、家族を役員にして給料を払っていれば、利益を減らして、税金を少なくすることもできます。

**岩本**　これまで専業主婦だった奥さんに役員報酬を払う場合には、パート勤務などでよく問題になる、配偶者控除が外れる「103万円の壁」、社会保険の支払いが生じる「130万円の壁」などには注意したほうがよさそうですね。

社会保険に関しては、パート勤務の場合とは異なり、ご本人負担に加えて法人側でも負担が生じ、合計すると2倍近くの負担になるという点にも注意が必要ですね。

**生島**　そうですね。あと、法人化するもう一つのメリットに、相続対策に使えるというのもありますね。法人化することで、個人の相続財産の割合を減らすことができる。さらに、役員になっている家族に資産を移すことで、個人財産にかかる高い所得税と相続税を同時に回避することもできるわけです。

**岩本**　相続税対策としてのメリットはありますね。ただ、法人化したなら帳簿をつける必要があるので、家族の誰かにしっかりとした会計の知識や経験があることが必要ですね。

**生島**　だから、すべての会社員にお勧めというより、それなりの事業規模が期待できる人で、会社の経営をよくご存じの方、これから勉強してみたいという方に特にお勧めしたいですね。

**岩本**　いずれにしても、法人化するメリットがあるかどうかを、一度、税理士に相談してみるのがいいように思います。

**生島**　そうですね。ちなみに、先の知人の例では、奥さんが彼と結婚するまで企業の経理部で働いていたこともあって、会計の知識があったんです。

**岩本**　それでしたら会計業務においてはスムーズでしょう。

**生島**　はい。ただ、最近は銀行取引が自動入力できたり、ＡＩを利用した便利な会計ソフトもあったりするので、そんなに専門知識や経験がなくても、素人でもちょっと勉強すればできちゃうって、先の知人は言ってましたね。

**岩本**　２０２３年10月からインボイス制度が始まって、税務が非常に煩雑となったので、ハードルはかなり高くなっていると思いますが、そういった手間も含めた損得を総合的に見て、法人化を検討するとよさそうです。

**生島**　インボイスは、フリーランスや中小企業には大変な負担ですよね。政治家はちゃっかり裏金を懐に入れておきながら、国民からはしっかり搾り取るんですからね（怒）。

## 相続税対策のためにボクがあえてしていること

**岩本**　今、相続の話が出ましたが、生島さんはたくさんの資産をお持ちでしょうから、法人化以外にも、何か対策されていることがあるのではないでしょうか？

**生島**　いやいや、そんなに資産はないんですよ（苦笑）。そもそも不動産投資の失敗などで、最大で10億円の借金を抱えてて、完済したのが60代半ばになってからですからね。ただ、相続対策の話で言うと、今、生前贈与を利用しているんです。

**岩本**　一人あたり年110万円まで贈与税がかからない「暦年贈与」を利用して、ですか？

**生島**　ボクの場合、あえて非課税枠を少しだけ超えて、贈与しています。

**岩本**　それはなぜなんでしょう？

**生島**　毎年同じ相手に一定の額を贈与し続けることを「定期贈与」と言うんですが、税務署は「あらかじめ財産を分割して贈与して、相続税を減らす意図だった」と判断して、非課税枠内だったとしても、贈与税を課すことがあるんですね。

**岩本**　節税のつもりが逆効果になることもある、ということでしょうか。

**生島**　相続税には非課税枠がありますが、贈与税の場合、相続税よりうんと低い金額でも課税されますからね。そこで、税理士のアドバイスもあって、非課税枠を少しだけオーバーさせて、その分の贈与税を納めて記録を残すことで、「ちゃんと税務署が贈与と認めましたよ」という証拠を残しているんです。

**岩本**　どのくらいの贈与税を払っているんですか？

**生島**　１１０万円を超えてから２００万円以下だと10％ですから、１２０万円を贈与したとしたら、課税額は10万円で、贈与税は1万円になります。

**岩本**　１万円を贈与税として納めたほうが、トータルで節税になる可能性がある、ということなんですね。

**生島**　そうです。それに２０２３年から暦年贈与の相続財産への加算期間が、３年から7年に延長されました。

**岩本** 相続が発生した時点から遡って7年間の暦年贈与は相続財産に加算する、というルールですね。

**生島** はい。だから、ずっと非課税枠で贈与していたとしても、ボクが死んだ時点から7年以内の贈与財産は、相続財産に足されてしまうことになるんですね。その時に「相続財産を減らすために定期贈与を行っていた」と税務署から遺族が見なされないように、あえてオーバーしてわずかながらの贈与税を払ってるんです。

それと、歴年贈与の相続財産への加算が7年になるのと同時に、相続時精算課税も変更されました。暦年贈与と相続時精算課税はどちらか一つしか選べないんですが、相続時精算課税では、これまでなかった毎年110万円の相続税非課税枠ができ、しかも7年以内でも相続財産に加算されないというので、そろそろ、そっちを選択することも検討しなきゃと思っています。

**岩本** なるほど。

**生島** 岩本さんは相続とか贈与とかはどう考えていますか?

**岩本** 贈与する孫がまだ小さい時には、「定期贈与」と見なされないために贈与契約書を作成した上で、贈与の控除枠「年110万円」を上手に利用する、祖父母からの「生前贈与」は有効と考えています。祖父母の子、つまり孫の親が健在なら、孫は法定相続人にならないので、「暦年贈与の相続財産への加算7年ルール」も当てはまらないことになりますし。

もう一つ、もしご家族や親類、お知り合いに障がいのある方がいらして、その方の生活を支えたいというご希望があれば「特定贈与信託」をお勧めします。

**生島**　特定贈与信託？

**岩本**　はい。私には障がいのある娘が二人おり、たとえわずかな金額でも親なき後の生活支援になればと思い、この特定贈与信託を利用しています。

**生島**　そうだったんですね。どういう仕組みなんですか。

**岩本**　委託者は信託銀行など（受託者）に財産を信託します（預けます）。受託者が管理する財産は、受益者（障がい者の条件に当てはまる人のみ）が安定した生活を送るための生活費や医療費として、毎月定期的に交付されます。

障がいのある方の保護者が亡くなった場合でも、信託銀行などが引き続き財産管理を行うため、生活資金を継続して受け取ることができます。

そして受益者の障がいの程度に応じて最大3000万円、あるいは最大6000万円まで贈与税が非課税となるのも助かるはずです。

**生島** その非課税枠は大きいですね。

**岩本** 委託者は親、祖父母はもちろん、血縁関係がなくとも障がいのある方を支援したいと考える篤志家の方などもなることができます。

また、自分が思った通りの相続をしたいとお考えの方には「民事信託」（家族信託や愛情信託、笑顔信託などと呼ばれます）はいかがでしょう。民事信託の場合は、例えば自分自身が認知症になった、あるいは自分が亡くなった後など、ペットの世話をすることができなくなった時に備えて、ペットの飼育をしてくれる人への資金援助として利用することができるなど、一人一人に合わせてかなり柔軟にカスタマイズできるようです。

**生島** なるほど。信託を含めていろいろな制度の損得を比較していく時代なんですね。

**岩本** はい。まだまだほかにもあるようなので、特定の人への財産贈与をお考えの方は、銀行や司法書士、あるいは専門のファイナンシャルプランナーの方に相談されてみるのがいいと思います。

# 6章

## 人生100年時代、「何に」「どう」投資するのが賢いか

経済のプロたちはコレにお金をかけている！

# 老後資金は実際、いくら必要なの？

## 老後資金をどう確保するか

**生島**　前章では、年金や節税の話をしてきましたが、やはり今の時代、多くの人にとって、安心した老後生活には年金だけでは不安という人が多いでしょう。そこで投資、つまり新ＮＩＳＡなどを活用して積極的にお金を増やしていこうという動きになっていると思います。

最終章では、老後資金を計画的に増やしていくための方法、そして増やした資産寿命を少しでも延ばしていく方法を考えていきましょう。

**岩本**　ファイナンシャルプランナーの資格をお持ちの生島さんは、どういうアドバイスをされてますでしょうか？

**生島**　ボクは講演などでよく**「65歳までに４０００万円貯めることを目標にしましょう！」**と言っています。

**岩本**　４０００万円ですか⁉　なかなか庶民にはハードルが高そうですが……。

**生島**　はい。この長寿時代、年金だけでは生活費が心もとないので、プラスアルファの資金が必要だということはお話ししました。実際、突然、大病にかかって高額な医療費がかかったり、介護で大きな費用が必要になったりすることを考えると、そのくらいあると、まあ安心かな、という額です。もちろん、人それぞれ求める生活水準が違うのは百も承知ですが。

**岩本**　たしかに、例えば、がんになって先進医療を受けたりすると、健康保険が利かなくて、一度に何百万円もの治療費がかかったりすることがありますよね。この場合は、ひと月に支払った医療費が一定の上限額（年収770万円以下で約3万5000〜10万円程度）を超えた分が払い戻される高額療養費制度は使えなくなりますしね。

**生島**　介護に関しても、すべて介護保険で賄えるとは限らないですし。そういった事態に備えて、4000万円あると、ある程度安心ですよ、ということです。

**岩本**　そういうことですね。

**生島**　4000万円を貯める例として、こういうシミュレーションをお話ししたりします。30歳から毎月4万円を投資信託で積み立て、年率3％で運用できれば3000万円。大企業の退職金は2000万円程度なので、一部を住宅ローンの完済などに充てても、合計4000万円になります。金融のプロの岩本さんから見て、どうでしょうか?

**岩本**　早くから準備するのはいいことですし、長期にわたる話であればなおさらiDeCoの節税効果を使わない手はないと思います。毎月の積立金が4万円なら、**そのうちの半分の2万円をiDeCo**へ。職業ごとに掛金の上限にはかなり違いがありますので、それぞれ確認をしてみてください。

**生島**　iDeCoを中心に考える理由は?

**岩本**　今の時代、退職金がない方は実は多いのではないか、そしてこれから先はさらにそうした方が増えてくるのではないかと思います。

iDeCoであれば退職金の準備をしながら、月々の掛け金や運用益が税控除の対象となるため節税効果も得られます。通常の投資では投資額や運用益にも、退職金にも所得税や住民税がかかってきますので、私自身もこの節税効果を利用しています。

**生島**　iDeCoは節税効果が高いですよね。

**岩本**　はい。原則、社会保険に入っている方は65歳までiDeCoに加入可能ですが、それ以外の方(フリーランスなどの国民年金の方、専業主婦で国民年金の方、社保に入っていないお勤めの方など)は60歳までとなります。なお、国民年金保険料を40年間の満

(図表6-1) iDeCoでの運用シミュレーション

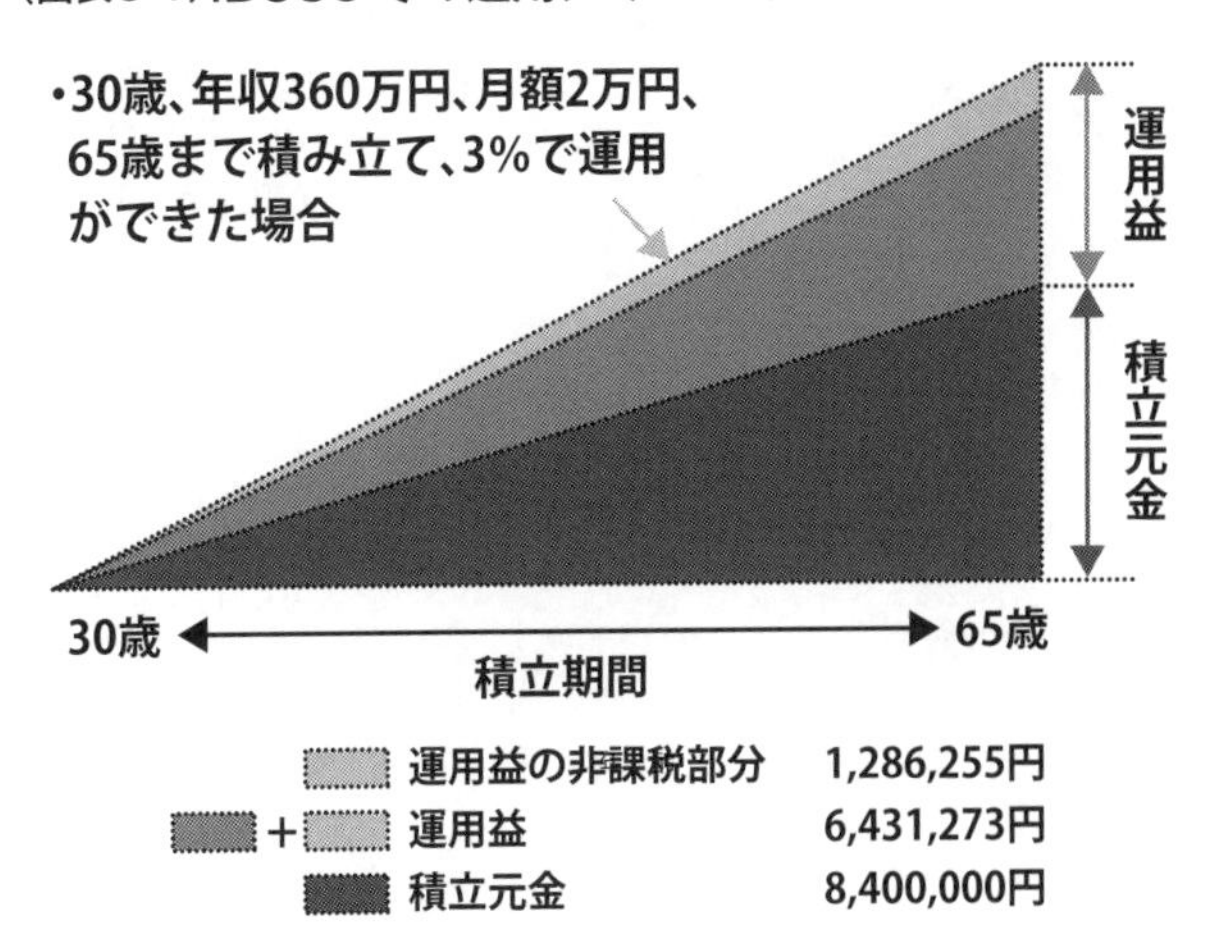


額納めていない人であれば、60歳以降も国民年金に「任意加入」することで、その期間iDeCoを継続することはできます。加入年齢引き上げの話もあり、使い勝手がよくなる変更を期待したいです。

例えば、年収360万円の方が30歳で月額の掛け金2万円を、資格要件を満たす最長65歳まで積み立て、3%で運用ができた場合、積立元金と合計すれば約1500万円（1483万1273円）が受け取れ（図表6－1）、その際の節税メリットは以下3点です。

①毎月積み立てる掛け金は全額所得控除の対象となり、積立額と税率に応じた節税が

できる。例の場合であれば、年間の節税額は3万6000円、35年間では本来支払うべき税金126万円が減額となる。

②通常の金融商品であれば利益や配当金の運用益には約20％の税金がかかるが、iDeCoの場合は非課税。35年間で840万円の積立ができ、その積立の運用益が3％の場合、運用益は643万1273円。通常であればこれに運用益課税128万6255円がかかるが、iDeCoの場合は非課税となる。

③iDeCoを一時金で受け取る場合、掛けた年数を退職所得控除の勤続年数として使うことができる（ただし、ほかに退職金がある場合は、受け取り方や受け取るタイミングに注意）。

なお、受け取りのタイミングは75歳まで選ぶことができます。受け取りはその運用状況の金額なので、外貨であれば為替、株式であればその投資状況の影響を受けます。長く置いたから必ずしも受給が増えるものではありませんが、例えば、受け取り時にちょうど突発的な理由から相場が下落、資産額が急激に目減りしてしまうこともあり得ます。相場の回復が見込めるようなら受け取りを先延ばしする、タイミングを見計ることができきるのもメリットかと思います。

## ライフサイクルに合わせた無理のない投資を

**生島** そう聞くとｉＤｅＣｏって、やらなきゃ損って感じますが、気をつけなきゃいけない点もありますよね。

**岩本** まずは資産運用ですから、必ず儲かるというわけではありません。運用する商品の選び方や運用の仕方の研究は必要です。その他、所得税や住民税の支払いがそもそもなかったり、住宅ローン減税などによって低く抑えられていたりすると、①のメリットはなくなります。

また、例えば勤続30年で退職所得控除は１５００万円になりますが、ｉＤｅＣｏと退職金が両方ある方は、同時に受け取ると控除額をオーバーして、税金が増える可能性もあります。受け取る時期をずらすなどの工夫をしてみる必要があります。

**生島** ｉＤｅＣｏのデメリットとしては60歳まで引き出せないことも指摘されます。

**岩本** はい。60歳で引き出すには、10年以上加入していることが条件ですし、60歳時点で加入期間が10年未満の場合は、最高65歳まで引き出しが順延されます。その間運用が出来ないこと、手数料が毎月取られますから、この点はデメリットとなります。ということで、現状ではまずは50歳までにｉＤｅＣｏを始めるとよいということになりますね。こうした点は使い勝手の悪さとされますが、逆に少なくとも60歳まで引き出せないことで諦めがつき、結果的に年金の準備ができるとも言えます。発想の転換をすることも一案かと思います。

**生島**　お金があるとつい使っちゃう人には、かえっていいかも⁉

**岩本**　そうですね。新ＮＩＳＡもｉＤｅＣｏも長期投資を視野に入れていますので、相場が上がっても下がってもひたすら買うことが前提です。とはいえ人生何があるかわかりません。「今すぐ手元に現金が必要」「毎月の積み立てが苦しい」ということもあるでしょう。ｉＤｅＣｏの場合でしたら年１回最低５０００円まで積み立て額の変更が可能です。

それとは別に、株式市場が明らかにバブルに突入して、かなり上昇してきたところでは、いったん手を引きたい、一部利益を確定したいという人もいるでしょう。先ほどの話とは矛盾するようですが、あまりにも行きすぎた相場展開であれば無理に高値で資金を投入する必要はなく、むしろこれまで保有してきた一部は利益を確定して、下落した安いところで再度投入するのは決して悪い選択ではないと考えます。

**生島**　ボクなんかそう考えたくなりますね。

**岩本**　いったん休止をしたい場合ですが、新NISAは投資信託などのリスク商品しか購入できませんが、いつでも全解約または部分解約で資金を確保できます。

一方、iDeCoはリスク商品だけでなく元本確保型商品として定額預金型商品があります。ポートフォリオの見直しをして、元本確保型の商品に一部、あるいはすべて変更することもできます。

**生島**　自分のライフステージの中で、例えばマイホームを購入する、という時もありますよね。そうした時には、新NISAでの投資で利益を確定して、それを不動産に回すのは有効なお金の使い方にもなりますね。

## 老後資金を確保しながら資産寿命を延ばす、とっておきの方法

**生島**　老後資金は4000万円を貯めることが目標と言いましたが、もし65歳で4000万円貯められなくても、「老後の生活が厳しくなる〜」と悲観する必要はないんですね。

**岩本**　と言いますと？

（図表6-2）資産寿命を延ばすためには

65歳時4000万円で月10万円取り崩し
3000万円で月9万円取り崩し。75歳まで2%運用
3000万円で月10万円取り崩し
2000万円で月6万円取り崩し、75歳まで2%運用
2000万円で月10万円取り崩し

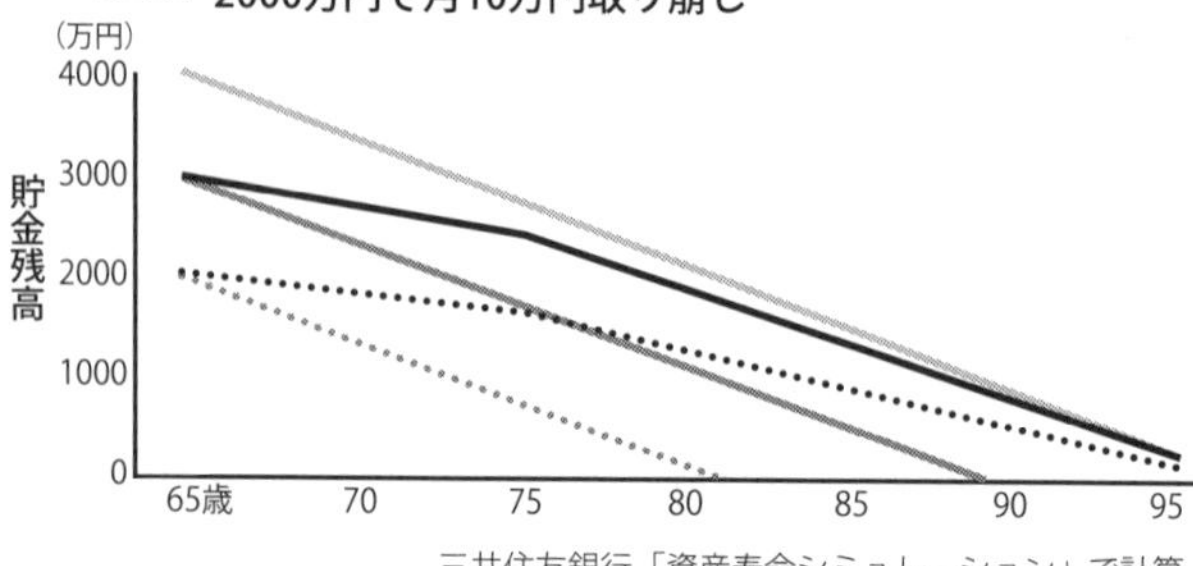


三井住友銀行「資産寿命シミュレーション」で計算

**生島**　65歳以降も運用を続ければ、資産寿命は延ばすことができるからです。

**岩本**　65歳時点ですべて預貯金などの安全資産に移して取り崩していくのではなくて、運用も続けるということですね？

**生島**　こんなシミュレーションがあります。65歳で４０００万円を毎月10万円ずつ取り崩していくと、95歳でもまだ３００万円くらい残る計算になるんですが、３０００万円だったら、90歳ではもう0円になってしまっているんですね（図表６－２）。

**岩本**　年金は一生受給できるとはいえ、90歳まで生きた時に、貯えが0というのは不安になりますね。

**生島**　ところが同じ３０００万円でも、**取り**

**崩すのを月に9万円にして、残りを現役時代より少しリスクを抑えて2%で75歳まで運用（インフレ率を2%上回る運用）を続けられれば、4000万円を10万円取り崩した時と同程度に資産寿命が延びる**というんです。

**岩本**　一定の金額や割合を取り崩しながら、運用を続けていく、というのは資産寿命を延ばす上では意味がありますよね。

**生島**　65歳で2000万円だったとしても、**月々6万円を取り崩し、75歳まで2%運用なら、同じくらい資産寿命が延びる**とか。だから、4000万円貯まらなかったとしても、悲観することはないい！

**岩本**　加齢を考えた場合、積極的に運用ができるのは75～80歳前後まではないでしょうか。取引の際のパスワードを記憶する、振込の作業をするにも、そもそも通帳などの保管から始まり、年とともにどうしても心もとなくなることは多くなるかと思います。

もちろん個人差はあるかとは思いますが、75歳を目途に積極的な運用はやめ、債券などの安定運用にシフトするのがよい気がします。

ということで、運用に自信があるなら75歳まで年金の支給を繰り下げ、75歳からは年金により軸足を置くようにする、というのが現実的かもしれません。

# 投資するなら知っておきたい、相場の読み方・考え方

## “日本人投資家”が泣きを見る共通点

**岩本**　銀行の預金金利が単純に3％以上であれば、相場変動のリスクをあまり気にせずとも、3％のリターンを得ることができるわけなんですが、市中金利がゼロ％の日本ではなかなかそれを上回るリターンを求めるのは難しい、という側面もあります。

**生島**　そこでみなさん、海外へと目が向いてしまう。

**岩本**　新ＮＩＳＡでも、オルカン（オールカントリー）と呼ばれる、全世界の株式（うち米国が6割）に国際分散投資できる投資信託などがずいぶんと人気のようですね。ただ、海外への投資では為替リスクが必ず生じますから、最初から為替差益は放棄して、為替をフルヘッジしてリターンだけを取りいくという方法もあるかと思います。為替ヘッジをされない場合は、先にお伝えしたように円安・円高のタイミングに留意していただければと思いますし、為替のオプション取引を使うのも一案です。ただし「ノックアウト付き」など複雑なものは絶対に手を出さず、シンプルなドルを売る権利を買う「ドル・

プット・オプション」などの利用が得策と考えます。

**生島** 海外ものに投資する場合は、為替リスクに注意ということですが、そのほかに個人が投資を始める時に、どういうことに気をつけたらいいでしょうか？ 日経平均もダウ（ダウ・ジョーンズ工業株平均。米国の株式市場の代表的な株価指数）もコロナ禍からの回復期に大きく上昇しました。

**岩本** 相場ですから、永遠の右肩上がりはあり得ず、どこかで調整が入るでしょう。相場の世界で**「山高ければ、谷深し」**という格言があるのですが、上昇すれば上昇するほど、またその勢いが強ければ強いほど、下落を始めた場合の下落幅にも注意しなければなりません。そうした下落を経てもなお株価が戻ってきて、さらに上昇する、時間とともに企業価値が高まっていく株を見つけ保有する、というのが鉄則でしょう。

**生島** 「山高ければ、谷深し」う～ん、意味深長ですね。

**岩本** 日本株だけに投資をしているので、自分には米国株は関係ないとおっしゃる方もおられるかもしれません。ただ、世界中のあらゆる金融市場は密接につながっています。大量に運用資金を扱う世界中のファンドは、1国だけ、1つの市場だけに投資をしているわけではありません。

例えば米国の株式市場が急落しても、まだ日本株が高値を維持しているとなれば、米国株での損失を補填するために、まだ利が乗っている日本株を大量売却する、あるいは債券や他の商品を売って損失補填を、ということはよくあることです。その結果、売りが売りを呼んで全世界的な株価の急落やトリプル安（株式・債券・為替の3つの市場すべてで同時に値下がりが発生する状況）が起こります。

**生島**　投資をしている以上、何らかの関わりが出てくる。

**岩本**　はい。1998年夏から秋にかけて、ドル円為替相場が30円以上、急激に円高になったお話を紹介しましたが、こちらは元はと言えば米国のヘッジファンドによるロシア投資の失敗です。そこにどうして円が関わってくるのかと思われるでしょう？

**生島**　どう関わってくるんですか？

**岩本**　当時から日本は各国に比べて低金利でしたので、円キャリー・トレードと言いますが、米中心に海外のヘッジファンドは安い円を調達し、その円を売って外貨を購入しロシア市場に投資をしていました。

**生島**　ロシア投資の原資として、まず日本円を借りる。日本円を借りても、あまり利息を取られないから、安く調達できたんですね。

**岩本** そうです。ロシアがデフォルトとなると慌ててロシアから撤収（すべて撤収できたわけではありません）、今度は外貨を売って円に戻して調達した円の返済に充てるという作業に迫られ（円キャリー・トレードの巻き戻し）、あっという間に為替市場で円高が進んだわけです。

**生島** 借りてた円を返す際に、急きょ円を買わなければならないハメになった。

**岩本** もともと日本の超がつくほどの低金利の長期的な継続は、こうした円キャリー・トレードの温床となり、将来的な相場激変の素地となり得る点で問題だなと思っています。巻き込まれるのはいつの時代も、日本の低金利を背景に外貨・外債・外国株式に投資をした日本人投資家です。

**生島** 円高になって為替差損が生じて、日本人投資家が泣きを見る！

**岩本** ということで、時価総額で圧倒的な規模を誇る世界最大の米国株式の動向には、直接投資をしてなくとも、やはり注視する必要が出てきます。

## 相場の転換点となる政治イベント

**生島** なるほど。で、米国株を注視する際のポイントは？

**岩本**　相場の天井や底を当てるのは至難の業ではあるのですが、米国株の1つの特徴として**大統領選挙との絡みで見られる「アノマリー」**があります。アノマリーというのは経済理論などでは説明することができないけれども、経験則的に見受けられるマーケットの規則性のようなものです。

**生島**　理屈では説明できないけれど、どういうわけか同じような相場の動きになる、という感じでしょうか。

**岩本**　おっしゃる通りです。過去に同じような経緯があり、市場も似通った動きをした場合には、先行きを占うのに1つの参考となりますよね。

ここでアメリカ大統領選挙とダウ平均の年間急騰率のグラフをご覧ください（図表6－3）。1972年から2023年のおよそ半世紀、この間にダウは570ドルから3万7778ドルまで上昇しました。年間上昇率の平均は7・59％となります。

そして、ご承知のように、米大統領選は4年に1回となります。そこで選挙のあった年、選挙年プラス1年、選挙年プラス2年、選挙前年の4パターンに分け、それぞれの年間平均上昇率を比べてみました。

**生島**　ずいぶんと差がありますね。

（図表6-3）アメリカ大統領選挙とダウ平均の年間急騰率（1972～2023年）

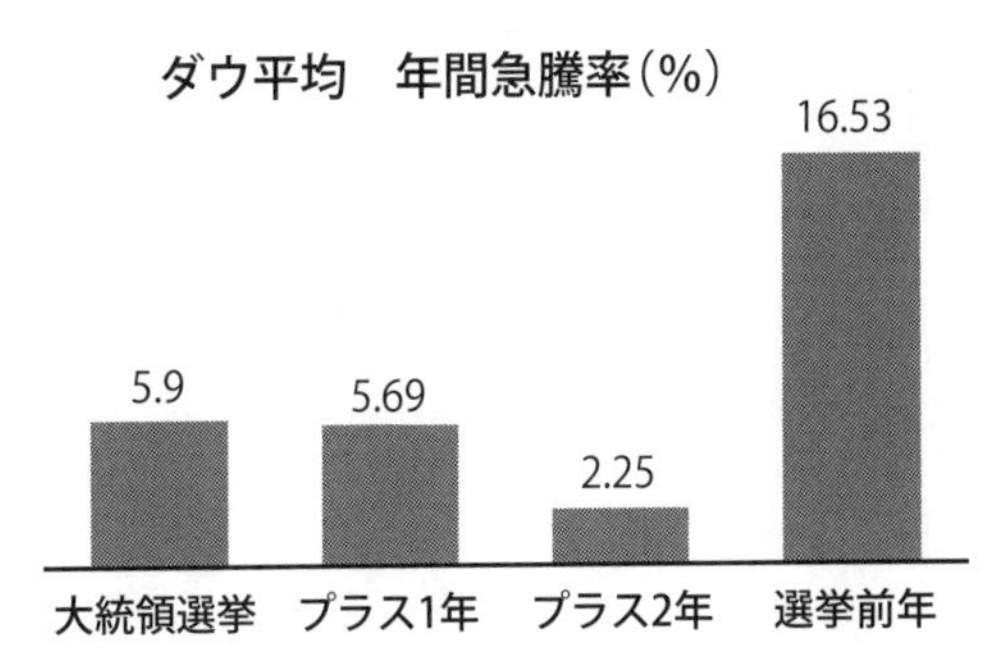


出典：Yahoo! ファイナンス、ブルームバーグ

**岩本**　はい。端的に、選挙年プラス2年は上昇率が伸び悩みますが、翌年の選挙前年になると上昇率がアップするという傾向が見受けられます。ちなみに選挙年プラス2年は米国議会の中間選挙の年でもあります。

**生島**　たしかに中間選挙の年の株価はパッとしませんが、翌年がグンと伸びていますね。どうしてこんなことになるんでしょう？

**岩本**　米大統領の任期は最大で2期8年です。選挙前年に株価指数が上昇する背景としては、再選を狙う現職大統領であればなおさらでしょうが、翌年の大統領選挙に向けて景気浮揚に注力するはずで、そうした影響が株価に出ていると言えそうです。

**生島**　選挙を控えて株価暴落でもしたら、再選の目はなくなってしまうから、何が何でも株価が落ちるような政策は避けるわけですね。

**岩本**　バイデン大統領の場合は２０２２年が中間選挙の年でした。22年のダウ平均の年間上昇率は−（マイナス）８％でしたが、選挙を左右するという意味で肝心要の株価は23年から大統領選のある24年秋までとなりますよね。22年はマイナスでも24年の大統領選挙までは何としても株価を引き上げたいとの思惑は働きやすいはずです。

例えば23年年初の世界銀行の「世界経済見通し」を見ても、23年は世界経済が不況局面に追いやられる可能性があるとするなど、23年の年明けは米国経済に対しても悲観的な見方が大勢で、株価上昇の予想をされた方はほとんどいなかったように思います。

ただ、前述の大統領選と株価のアノマリーがありますので、みなさんの総悲観をよそに、23年の株価はそれなりに上昇していくのだろうなとの予想はできたわけです。結果的に23年のダウは年間にして13・７％の上昇、史上最高値の水準で引けました。

**生島**　アノマリー通りだったんですね。

**岩本**　毎回必ずしも当てはまるとは申しませんが、２０２４年の大統領選挙がある11月の直前まではこの好調な株価を維持したいだろうな、という予測が成り立つわけです。前述の通り、世界の金融市場は緊密につながっています。米国株が好調であれば余裕資金も生まれさらなる投資先を求めて日本株へと流れる部分も増えます。日本株も米株に引きずられて同じような動きとなりそうです。また、これまで成長著しかった中国経済ですが、不動産市況の低迷、政府による規制強化もあり、先行きへの不安がかなりありです。そうした中で、中国人投資家を筆頭にということになりますが、今まで中国へと流れていた投資資金が米国や日本の株や不動産へという流れもあります。

**生島** となると、株価上昇はマックス2024年の秋口頃まで。その後は下落、というイメージでしょうか?

**岩本** 1つの可能性としてそうしたこともあるかと思っています。ただ、決め打ちする必要はなく、その時が来れば速やかに撤収すればよいと考えます。

## 「今回は違う」と言われ出したら要注意

**生島** 1989年の大納会はバブルの最高潮で日経平均も史上最高値3万8957円44銭をつけて引けたために、翌年の株価予想も4万円、5万円といったかなり強気でしたよね。ところが90年の年初からは一転、株価は売られ、結局長〜い長い、失われた日本経済の30年になってしまったわけですが……。

**岩本**　例えば90年代後半のＩＴバブルのピークの頃ですが、米国はもはや景気循環などなくなった、米国経済はひたすら拡張するニューエコノミーに突入したのだ、という永遠の右肩上がりのような言説が出てきたんですね。

当初はＩＴバブルで急騰する株価について「根拠なき熱狂（irrational exuberance）」、「〝新時代（new eras）〟は幻想」と牽制していたグリーンスパンＦＲＢ議長（当時）も、「1世紀に1、2度起きるかどうか」の潜在成長力を米経済が示しているとしたため、株価のさらなる急騰を招いたこともありました。しかしながら、ＩＴバブルもあっという間に崩壊したのはご承知の通りです。

**生島**　あっけなく潰(つい)えましたよね。奢れるものは久しからず。

**岩本**　２０１１年発売となったカーメン・Ｍ・ラインハートとケネス・Ｓ・ロゴフによる「金融危機の８００年」との副題がついた著作『国家は破綻する』は、サブプライム危機の後ということもあって、話題の一冊となりました。原題は〝This Time Is Different（今回は違う）〟なんですが、「今回は違う」と楽観視すると、その後に危機が訪れてきたことを、８００年間のデータから導き出した内容です。

ということで、**「今回は違う」という言葉を頻繁に耳にするようになったら要注意、**

**極端な楽観論が出てくると相場もピークに近い**と考えたほうがよいと思います。特に市場がユーフォリア（高揚感）にひたっている時ほど、潮目を常に意識することが大切です。逆も真なりで、総悲観の時は、たいてい相場がド底を打っている感じです。

**生島** 「今回は違う」と言われ出したら要注意ですね。覚えておきます！ さしずめ「AI」が「今回は違う」となりそうだな～（笑）。

## お金のプロが勧める、最も効率のいい投資先

### 資産分散で注目の商品は？

**生島** 資産運用の重要性の話をしてきましたが、やっぱり資産は分散が大事ですよね？

**岩本** はい、リスク分散をすることは重要です。ただ、日本株と海外株、成長株と公益株などに分けて投資しているだけではリスク分散とは言い難いです。すべて株式に投資しているという点で、本当の意味での分散ではないでしょう。

**株も債券も不動産も預金も外貨も、あるいは金を持つことも分散には役立つ**かもしれません。

生島　金ですか！

岩本　1971年以降、米国のドルが金の裏付けを停止してから、世界中の通貨は無尽蔵に発行できる時代になりました。直近で言えば、コロナ危機、それ以前はサブプライム危機がありますが、危機のたびに各国の中央銀行は過剰な流動性を供給して経済の安定を図ってきました。遡ればこの50年近く、ひたすら莫大なマネーを市中に放出してきたことになります。

コロナ禍以降、米国を筆頭に主要各国は政策金利を引き上げましたが、金を持つ最大のデメリットは金利がつかないことです。米国の政策金利が引き上げの際には金価格が低下してもおかしくないのですが、ほとんど下落していません。

生島　それは何を意味するのでしょうか？

岩本　米ドルだけでなく、各国の主要通貨すべての通貨価値が低下している、その代わりに金の価値が相対的に見出されているという側面があるように思われます。そして今後は世界的に長期的なインフレのフェーズとなりそうだというお話も2章でいたしました。**通貨価値の下落とインフレ、さらには今後米国の政策金利の低下も待っているとなれば、金に妙味が増すステージ**へとなりそうです。

生島　でも、金の価格はかなり高値になっていますが、大丈夫ですか？

岩本　１９７１年当時の金価格は1オンス35ドル、それが現状は２０００ドルを超えています。50年で57倍の値上がりです。何十倍、何百倍となる株式もありますので、50倍はさほど驚くことではないのですが。

過去50年インフレはジワリと進んできた＝通貨価値が下落してきたわけで、これから先さらに各国の通貨価値が下落しそうなら、金価格は引き続き長期的な上昇トレンドにあってもおかしくないのではないでしょうか。

金は装飾品として、電子部品などの工業用品として、あるいは単なる投資として需要があるわけですが、実は各国の中央銀行に代表される公的部門も有力な金需要の担い手です。ワールド・ゴールド・カウンシル（ＷＧＣ）が発表する四半期ごとの需要レポートを見ると、中央銀行による金需要は２０２２年以降増加しています。言うまでもなく、ロシアのウクライナ侵攻、イスラエル・ガザの問題が立て続けにあり、今後は台湾有事なども考えられますから、地政学的な不確実性の高まりがあります。加えてインフレ圧力などがありますから、新興国を中心に金需要が大きく増加しています。

生島　もし金を買うなら、どのタイミングで買ったらいいんでしょうか？

**岩本**　長期的に眺めれば、値下がりしても上がってくるならいつ買っても同じとも言えるのですが、少し値下がりしたなと思われた時に少しずつ購入していくのであれば、金への投資もしやすいのではないでしょうか。

為替のお話の際に、今後円高に振れる局面もありそうだとお伝えしました。円高のほうが金は安く買えます。海外の金価格はそれなりに高騰しているかとは思いますが、せっかくですから2024年以降のドル安局面になった際に、特に急激に円高が進むようなことがあれば、サクッと金を購入するというのは、海外市場の金価格の上昇よりも円高のスピードが速いはずなので、よい買い場となるのではないかなと思っています。

**生島**　なるほど。しばらくは金の価格と為替相場に注目ですね！

## 一番リターンがいい「投資先」

**生島**　ここまで投資の話をしてきましたけど、ボクは一番リターンのいい投資は、株式でも金でも不動産でもなく、**「健康」への投資**だと思っているんですね。

**岩本**　それはまったくその通りだと思います。資産があってもなくても、健康であることは一番大切ですよね。健康であれば社会との関わりを維持することもできます。社会に必要とされることは精神的にもよいと思います。

**生島**　前にも少し話しましたが、ボクは40～60代にかけて、不動産投資などで大損をして、大きな借金を背負っていたんですね。最大で10億円にもなりました。

**岩本**　10億円とは重すぎて、まったく想像がつきません。

**生島**　借金の返済は待ったなしで、胃薬が手放せないほど精神的に追い詰められた時期もあったんですが、「絶対に返す、絶対に逃げない」と覚悟を決めて、がむしゃらに働きました。そして、60代半ばになんとか完済したのですが、それができたのも、最終的には「なんとかなるさ」という根っからの楽天気質だったことと、何より「健康な体」があったからなんですね。

**岩本**　「絶対に逃げない」と腹をくくられたのはさすがだと思います。健康のために、どんなことをされていたのですか？

**生島**　ボクは新人アナウンサー時代から、失敗したり窮地に立たされたりしたら、ひたすら筋トレをしてたんですよ。腕立て伏せや腹筋、スクワット、思いつくままにいろいろやってました。相撲好きなんで、四股（しこ）を踏んだりもしましたね。

**岩本**　窮地の時こそ筋トレ、というのは含蓄があります。

**生島**　クタクタになるまで働いて、運動すると、あれこれ考える余裕がなくなって、夜ぐっすり眠れますしね。

**岩本**　多額の借金を負えば、精神的にも参ってしまうのが普通かと思うのですが。

**生島**　経済的にピンチになると、最後に頼れるのは自分の体だけと切実に感じられるんですよ。健康な体があれば、働いてお金は返せる。そんな自分の経験からも、健康であることが最大の投資だと思っているんです。

**岩本**　健全な精神を保つためにも健全な肉体であること、なのですね。

**生島**　プロゴルファーの青木功さんに言われたことがあるんです。**「よく〝心技体〟って言うけど、本当は〝体心技〟で、体こそが一番なんだ」**と。つまり、体が整えば、心も技術もついてくる、ということなんですね。

実際、体がしっかり健康で整っていれば、逆境を持ちこたえるメンタルもつくられるんです。

**岩本**　体が資本と言いますよね。今もハードなトレーニングをされているんですか？

**生島**　今はもう、そんなにハードなトレーニングなんてしていませんよ（笑）。すき間時間にチョロチョロッと体操をしたり、ウォーキングしたり、少し泳いだりするくらい。

でも、毎日少しでも続けるようにしています。

**岩本**　継続こそ力なりとわかっていても、毎日となると「言うは易し行うは難し」、です。運動以外に「健康に投資」されていることはあるんでしょうか？

**生島**　懇意にしているお医者さんに言わせると、**病気の8割は「鼻」と「口」から入ってくる**そうです。風邪や新型コロナ、インフルエンザなどの感染症は主に鼻や口から入ってきますし、生活習慣病は口から入ってくる食べ物の良し悪しやバランス、量が大きく関わってくる。だから、鼻と口のケアは念入りにしています。

**岩本**　具体的にはどういうことをされているのでしょうか？

**生島**　夜、帰宅したら、「鼻うがい」を欠かさずに行っています。これがすごく有効だと感じています。鼻うがいと言うと「鼻の奥がツンと痛くなる」と思われがちですが、サイナス・リンスという鼻うがい専用品だと、その心配がまったくありません。

あと、寝室を十分に加湿して、「口テープ」もして寝ています。眠っている時は鼻の空気の通りが悪くなって、口呼吸になって、いびきがうるさくなったり、口の中が乾いて雑菌が繁殖しやすくなったりするそうです。口テープをすると、鼻の通りがよくなりますし、それに、眠りも深くなります。

**岩本**　生島さんは「声」が商売道具ですから、鼻と口のケアは特に大事ですよね。

**生島**　ええ。あと、口腔ケアも念入りにやっています。**歯を失うと、おいしいものも食べられなくなりますし、認知症になりやすくなる**そうです。また、**歯周病があると、心臓病や脳梗塞、糖尿病のリスクも上がる**ということで、歯と全身の健康は深～く結びついているんですね。

だから、歯磨きセットは常に携帯していますし、自宅では、歯磨きのほかに、デンタルフロスや歯間ブラシで歯と歯の間のケアをし、水が勢いよく出るウォーターパルスも使って汚れを落としながら歯茎に刺激を与えています。舌用のスポンジで舌苔（ぜったい）も落としています。もちろん1～2か月に1回、歯科医院での定期検診も欠かしません。

**岩本**　だから、毎朝のラジオ番組でも、いつもお元気で、張りのあるステキなお声を維持できていらっしゃるのですね（笑）。

食事も糖質を控えめにして、食物繊維と発酵食品をしっかり摂るようにしています。

**生島**　岩本さんは、何か健康法を実践されていますか？

**岩本**　スポーツクラブには入っていて、水泳でしたら1キロぐらいは泳ぐのですが、それをコンスタントに継続しているかというと……まったくできていません（苦笑）。これからは時間を見つけて体力づくりをするというのも本当に大切な目標だと思っています。

**生島** 健康は大切ですよ。お子さんもいらっしゃるし、ぜひ、続けたほうがいいですよ！

**岩本** はい。あと、執筆をしているとどうしても肩がこります。万年肩こりの状態のため、マッサージや整体が欠かせず、それが今現在の唯一の健康への投資かもしれません。

**生島** 元気があれば何でもできる！ 10億円の借金を抱えたことのある自分自身の経験からしても、**お金の損失は健康であれば後から取り戻せる。だけど、健康の損失は、いくらお金を積んでも取り返せない**ことがある。だから、何はともあれ、健康への投資だけはケチらずにしたいと思いますね。

**岩本** 本当にそう思います。

## 希望ある日本経済のために〝持ち続けたい〟もの

**生島** 日本経済の現状について、またそこで暮らす我々の経済生活について、いろいろお話をしてきました。今を生きる生活者の一人として、一番の願いは「先行きの希望が持てる元気な日本になってほしい」ということに尽きます。ボクの若い頃がまさにそうだったように。

**岩本**　同感です。いたずらに日本経済はダメだなどと悲観論ばかりを広めるのではなく、日本にも日本経済にも、プラスの材料はたくさんあるのですから。

本質的に何をもって裕福と見なすのか、1つの経済指標だけで見るのは限界があります。そして、例えばGDPでは表せないような、治安の良さや、街中が清潔であることなどは、日本が各国と比べて断トツの1位となるはずです。そうした豊かさを落とし込んだ指標のようなものがあればよいのですが。

**生島**　そういうことまで含めた指標があれば、日本は世界トップクラスかも！

**岩本**　そう思います（笑）。そして、私は要介護の家族を二人抱えていることはお話ししましたが、それでもこうして執筆を中心に様々な仕事ができるのは、日本国の社会インフラのおかげです。この点は日本政府にも、日々のサポートに携わってくださっている学校関係者・福祉事務所のみなさまにもひたすら感謝しかありません。社会福祉についても各国と比べれば、日本は実のところトップクラスなのではないでしょうか。

**生島**　ボクの好きな言葉に**「夢と希望とサムマネー」**というのがあるんです。これ、チャップリンが映画『ライムライト』で語ったセリフを少しアレンジしたものなんですが、「夢と希望」があれば、ビッグマネーをつかまなくても、人生は充実するとボクは信じているんですね。もちろん、サム（いくらかの）マネーは必要なので、お金に関してはそれなりに勉強しておくことも重要だと思います。

**岩本** いい言葉ですね。私の中では安心と幸福感はとても近しい感情だと思っています。そこで政治家や影響力のある方たちには、不安をあおるのではなく、安心感を与える発信をしてもらいたいと思っています。そういう意味で、まさに生島さんはその安心・安定の発信で多くの方に夢と希望を届ける仕事を実践されておられますよね。

**生島** そう言ってもらえるとうれしいですね。微力ながら、日本のみなさんが少しでも明るく前向きな気持ちになれるように貢献できればと思って、毎日マイクに向かって喋っています。

**岩本** 相場取引をしている時に一番大切だなと思っていたのが、**自分自身で判断をすること**でした。人の意見に左右されての売買では、やはり心もとないものがあります。自分自身で判断をするには、見聞きした情報について、本当にそうか確かめる必要があります。間違った情報をもとに判断すれば、取引であっという間に損をしてしまいますから。

本当にそうなのかを確かめるためには、情報源にたどり着く必要があります。経済指標でも要人発言でも、それを伝えてくれるニュースソースは大切で、大いに利用させてもらっています。

そこからオリジナル情報に自分でアクセスをして、元となる経済指標の報告書を読む、要人の記者会見の動画を観るなど、その内容を実際にこの目で確認するという作業が必要で、そうして初めて情報に対して客観性を持って判断できるのではないかと考えます。

**生島** 人の意見に流されず、客観性を持って自分の頭で判断する、というのは大事なことですよね。

**岩本** そう思います。また、客観性という意味では、「メタ意識」や「メタメタ意識」を持つこともまた大切と思っています。

**生島** メタメタ意識（笑）、何ですかそれは？

**岩本** はい。自らの認知（考える・感じる・理解する・推測する・記憶する・判断する・書く・話すなど）を、もう一段上に立って客観的に意識することがメタ意識を持つことになりますが、そのメタ意識を持つ自分をさらに上から眺めるようなメタメタを意識すると、目の前に起きている状況に正面から巻き込まれて、必要以上に悲嘆に暮れて思い詰めたりすることも、あるいは逆に、必要以上に楽観的になり物事を軽々しく判断したりすることも防げるように思います。

**生島**　なるほど。

**岩本**　私が二人の娘の障がいの重さに押しつぶされそうになった時に、それとなくヴィクトール・フランクルを勧めてくれた方がいました。

邦題『夜と霧』のドイツ語原題「...trotzdem Ja zum Leben sagen: Ein Psychologe erlebt das Konzentrationslager」は直訳すると「…それでも人生にイエスと言う：ある心理学者の強制収容所の経験」となります。精神科医・心理学者であり、収容者の一人であったフランクルが、自身も含めた、名もなき人々の収容所での精神状態の分析を通じて、生きる意味や希望について洞察した内容となります。

過酷で熾烈な生活がいつ終わるのか、見通しが立たないのは本当に辛いことです。それでも**「現実をまるごと無価値なものに貶めることは（中略）節操を失い、堕落することに繋がる」**るとし、**「過酷きわまる外的条件が人間の内的成長をうながすことがある」**との記述があります。

極限状態の中でもなお客観的視点を持つことが、内面の成長にいかに寄与するか。そして、それが結果的に、いかに自分を救うことにも繋がるのかを教えてくれる一冊でした。とにもかくにも絶望だけはしないように、気をつけるようにもなりました。

客観的であれば不用意な不安に押しつぶされることもなく、希望を持って前に進めるのではないでしょうか。

**生島** ボクは10億円の借金で青息吐息だった時、元気でないとこの状況は乗り切れないと思い、とにかく健康でいることに注力したことはお話ししましたが、その時に大事にしていた言葉があるんです。シェークスピアの『マクベス』に由来する言葉なんです。

**「朝の来ない夜はない。夜明け前が一番暗い」**

今もし、経済的に厳しい状況にあったり、先行きに不安を抱えたりしている人には、この言葉を贈りたいですね。

大丈夫、日本経済の未来は暗くない。そのためにも、一人一人が健康に投資して、お金の勉強もして、政治に対しても、自分たちの生活に対しても、きちんと真正面から堂々と向き合っていきたいですね！

**岩本** その通りですね。これからも日本経済に客観的に、正しく向き合って、希望が持てる情報を発信していきたいなと思います。

**生島** 岩本さん、いろいろ興味深いお話をありがとうございました。

**岩本** こちらこそ、ありがとうございました。

# おわりに

家庭の事情により、筆をいったん擱(お)いてからあっという間に10年が経過しておりました。もう本を書く機会もないかなと、ふと思った時もありました。

それでも、細々ながら経済や金融市場の動向をフォローしつつ文筆業が継続できたのは、この10年連載を続けさせてくれた通信各社の皆様のおかげです。

そして、物理的に身動きが取れず、発信の機会も狭まる中で「ラジオだったら遠隔で大丈夫」と声をかけてくれたのが生島ヒロシ氏でした。私の中で社会との繋がりを保つ、一(いち)縷(る)の希望となったのは言うまでもありません。

さて、本書の対談は日経平均が過去最高値を更新するような時期と重なりました。新NISAやiDeCoなどについてもっと楽観的な内容を期待されていると承知をしつつ、あえて最後に一言進言させていただければと思います。

私が現役の頃、先輩トレーダーから、「株を買うなら、戦争があろうが天災があろうが、そのために株式市場が何か月あるいは何年も休場になろうが、それでも保有し続けられる銘柄にしろ」と言われました。時間とともに企業価値が増す企業へ、そうした確信を持てる企業研究が必要というわけです。

現状は株高で運用成績がよくても、相場には下落局面もあります。何らかの投資をする以上、それは世界中の有象無象の投資家や投機家の思惑がうごめく相場に一参加者として参入取引することになります。そこで生き残るには、株式なら個別の企業研究が、為替や債券を触るのなら各市場の特性や経済に関して最低限の知識が必須です。そうした研究や知識習得が面倒なら、究極的には投資の世界には足を踏み入れないほうがよいはずです。

手厳しいことを申しましたが、皆様が経済や金融に興味を持たれる、市場に対峙するにあたり研鑽を積まれる際の1つのきっかけに、あるいはリスク回避の一助に本書がなりましたら幸いです。

仕事をスローダウンしても「待っているから」とおっしゃってくださった皆様、温かいお言葉をかけてくださるラジオのリスナーの皆様、本書を手に取りお読みくださった皆様には感謝しかありません。そして、本書が完成できたのは日々、娘たちの療育に携わっていてくださる学校関係者、社会福祉事業者の皆様、家族や親類、知人・友人の支援があればこそ、です。

仏事情や翻訳には堀茂樹氏、年金やｉＤｅＣｏ事情には山下弓氏から助言をいただきました。

生島ヒロシ氏、青春出版社の中野様、関係各位、心を寄せてくださったすべての皆様に、この場を借りまして、心から御礼申し上げます。

２０２４年４月

岩本さゆみ

アエラ dot.、ピケティ「日本の消費増税は正しい方向ではない」、2015 年 2 月 5 日
https://dot.asahi.com/articles/-/107043?page=1
財務省主計局、「特別会計ガイドブック」、令和 5 年度版
https://www.mof.go.jp/policy/budget/topics/special_account/fy2023/2022-souron-4.pdf

## 4章

永濱 利廣、「潜在成長率を押し下げる国民負担率上昇」、第一生命経済研究所、2023 年 5 月
https://www.dlri.co.jp/files/macro/253072.pdf
内閣府、構造変化と家計行動、平成 21 年度年次経済財政報告、
https://www5.cao.go.jp/j-j/wp/wp-je09/pdf/09p03032.pdf
ニューヨークタイムズ、レーガン大統領の記者会見での一問一答、1985 年 2 月 22 日
https://www.nytimes.com/1985/02/22/us/president-s-news-conference-on-foreign-and-domestic-issues.html

## 5章

金融庁・資産運用シミュレーション
https://www.fsa.go.jp/policy/nisa2/moneyplan_sim/index.html
藤本健太郎、アメリカの年金制度、年金と経済 Vol.41 No.2
efaidnbmnnnibpcajpcglclefindmkaj/https://www.nensoken.or.jp/wp-content/uploads/2022USA.pdf
米社会保障局、2023 年度年次報告書の概要
https://www.ssa.gov/oact/TRSUM/index.html
矢部 武、「老人の幸せ」をアメリカから学ぶ～「日米老後格差」Vol.67、日経 BP 総合研究所、2016 年 9 月
https://project.nikkeibp.co.jp/atcl21f/gdn/yabe/2016091500/?P=3
増田 豊、『結局、年金は何歳でもらうのが一番トクなのか』、青春出版社、2022 年 7 月
税理士法人レガシィ・天野隆・天野大輔、
『【改正税法対応版】「生前贈与」そのやり方では損をする』、青春出版社、2023 年 4 月

## 6章

カーメン・M・ラインハート 、ケネス・S ロゴフ (著)、
『国家は破綻する――金融危機の８００年』、日経 BP 、2011 年 3 月
日本経済新聞 Web 版「人生 95 年見据え資産設計」2014 年 10 月 15 日

## おもな参考文献


### 1章

Jesús Fernández-Villaverde, Gustavo Ventura, Wen Yao
THE WEALTH OF WORKING NATIONS
Working Paper 31914
NATIONAL BUREAU OF ECONOMIC RESEARCH, November 2023
http://www.nber.org/papers/w31914
内閣官房、新しい資本主義実現会議（第３回）
https://www.cas.go.jp/jp/seisaku/atarashii_sihonsyugi/kaigi/dai3/gijisidai.html

### 2章

日本銀行、経済・物価情勢の展望 2022 年１月
「（ＢＯＸ１）為替変動がわが国実体経済に与える影響」
https://www.boj.or.jp/mopo/outlook/gor2201b.pdf
内閣府、令和元年度企業行動に関するアンケート調査・上場企業・結果の概況 _5
https://www.esri.cao.go.jp/jp/stat/ank/r1ank/r1ank_houkoku1_5.pdf
経済産業省、通商白書 2023、
「第Ⅱ部　第２章第３節　我が国経済の成長のけん引役として期待されるインバウンド需要」
https://www.meti.go.jp/report/tsuhaku2023/2023honbun/i2230000.html
外務省、米国経済と日米経済関係、令和５年 11 月
https://www.mofa.go.jp/mofaj/files/000240495.pdf
「エコノミスト」、ビッグマック指数、2023 年７月
https://www.economist.com/big-mac-index

### 3章

内閣府、中長期の経済財政に関する試算
https://www5.cao.go.jp/keizai3/econome/r4chuuchouki1.pdf
藤木 裕、「財政赤字とインフレーション—歴史的・理論的整理－」、日本銀行金融研究所、2000 年６月
https://www.imes.boj.or.jp/research/papers/japanese/kk19-2-2.pdf
財務省、「諸外国の債務管理政策等について」、平成 27 年４月 17 日
https://www.mof.go.jp/about_mof/councils/gov_debt_management/proceedings/material/d20150417-4-2.pdf.pdf
ログミーファイナンス、「日本の借金問題は深刻なのか？」、2015 年１月 30 日
https://finance.logmi.jp/37326

## いまを生きる

"青春新書"は昭和三一年に――若い日に常にあなたの心の友として、その糧となり実になる多様な知恵が、生きる指標として勇気と力になり、すぐに役立つ――をモットーに創刊された。

そして昭和三八年、新しい時代の気運の中で、新書"プレイブックス"にその役目のバトンを渡した。「人生を自由自在に活動(プレイ)する」のキャッチコピーのもと――すべてのうっ積を吹きとばし、自由闊達な活動力を培養し、勇気と自信を生み出す最も楽しいシリーズ――となった。

いまや、私たちはバブル経済崩壊後の混沌とした価値観のただ中にいる。その価値観は常に未曾有の変貌を見せ、社会は少子高齢化し、地球規模の環境問題等は解決の兆しを見せない。私たちはあらゆる不安と懐疑に対峙している。

本シリーズ"青春新書インテリジェンス"はまさに、この時代の欲求によってプレイブックスから分化・刊行された。それは即ち、「心の中に自らの青春の輝きを失わない旺盛な知力、活力への欲求」に他ならない。応えるべきキャッチコピーは「こころ涌き立つ"知"の冒険」である。

予測のつかない時代にあって、一人ひとりの足元を照らし出すシリーズでありたいと願う。青春出版社は本年創業五〇周年を迎えた。これはひとえに長年に亘る多くの読者の熱いご支持の賜物である。社員一同深く感謝し、より一層世の中に希望と勇気の明るい光を放つ書籍を出版すべく、鋭意志すものである。

平成一七年　　刊行者　小澤源太郎

著者紹介

生島ヒロシ〈いくしま　ひろし〉

1950年宮城県気仙沼市生まれ。パーソナリティ。米カリフォルニア州立大学ロングビーチ校卒業後、TBS入社。89年に独立し、(株)生島企画室を設立、所属タレントの指導とプロデュース業にも励んでいる。TBSラジオ系『生島ヒロシのおはよう定食・一直線』ほか幅広い分野で活躍中。『70歳からの「貯筋」習慣』『70代現役！「食べ方」に秘密あり』ほか著著多数。

岩本さゆみ〈いわもと　さゆみ〉

経済評論家・金融コンサルタント・大阪経済大学理事。東京女子大学卒業、青山学院大学大学院修了。日本・アメリカ・カナダ・オーストラリアの金融機関にてバイス・プレジデントとして国際金融取引に従事。金融機関専門誌『ユーロマネー』誌のアンケートで為替予測部門の優秀ディーラーに選出。『新・マネー敗戦』(文春新書)ほか著書多数。

日本経済（にほんけいざい）
本当（ほんとう）はどうなってる？

青春新書
INTELLIGENCE

2024年5月15日　第1刷
2024年6月15日　第4刷

著者　生島（いくしま）ヒロシ
　　　岩本（いわもと）さゆみ

発行者　小澤源太郎

責任編集　株式会社プライム涌光

電話　編集部　03(3203)2850

発行所　東京都新宿区若松町12番1号 〒162-0056　株式会社青春出版社

電話　営業部　03(3207)1916　振替番号　00190-7-98602

印刷・中央精版印刷　製本・ナショナル製本

ISBN978-4-413-04696-1